Inversión en Criptomonedas

NAVEGANDO EL MERCADO DE CRIPTOMONEDAS:

ESTRATEGIAS Y CONSEJOS PARA INVERSIONES RENTABLES

Laura Esquivel

Tabla de Contenidos

INTRODUCCIÓN 1

CAPÍTULO I: Entendiendo las Criptomonedas 4

Definición y características de las criptomonedas 4

Breve historia de las criptomonedas................................. 9

Conceptos clave y terminología 13

Diferentes tipos de criptomonedas................................. 18

CAPÍTULO II: Riesgos y desafíos en la inversión en
criptomonedas 23

Volatilidad y fluctuaciones de precios............................. 23

Consideraciones reglamentarias y legales 28

Riesgos de seguridad y protección de sus inversiones 33

Estafas y fraudes comunes en el mercado de las
criptomonedas... 38

CAPÍTULO III: Análisis Fundamental.................................43

Introducción al análisis fundamental 43

Evaluación de la tecnología y la cadena de bloques
subyacente... 48

Evaluación de la hoja de ruta del equipo y del proyecto 52

Análisis de la demanda y la competencia del mercado 57

Comprender la tokenómica y la utilidad 61

CAPÍTULO IV: Análisis Técnico.. **66**

Introducción al análisis técnico 66

Indicadores técnicos clave y patrones gráficos 71

Lectura e interpretación de gráficos de precios..................... 76

Cronometría de puntos de entrada y salida mediante
análisis técnico.. 81

CAPÍTULO V: Construcción de una cartera de criptomonedas 87

Establecimiento de objetivos de inversión y tolerancia
al riesgo.. 87

Estrategias de diversificación para una cartera equilibrada 92

Elegir criptomonedas en función del perfil de riesgo-
recompensa 97

Inversión a largo plazo vs. trading a corto plazo 101

CAPÍTULO VI: Estrategias de inversión **106**

Estrategia HODLing (Aferrarse a la Vida)................ 106

Enfoque de promedio del costo en dólares 110

Swing trading y momentum trading........................ 115

Inversión en ICO y análisis de ventas de tokens................... 121

CAPÍTULO VII: Gestión y protección de sus inversiones **128**

Creación y seguridad de billeteras de criptomonedas.......... 128

Implementación de un seguimiento y una gestión
eficaces de la cartera.. 132

Desarrollo de estrategias de gestión de riesgos.................... 136

Mantenerse informado y actualizado con las tendencias
y noticias del mercado... 141

CAPÍTULO VIII: Superar los sesgos emocionales **146**

Sesgos psicológicos comunes en la inversión en criptomonedas 146

Estrategias para superar el miedo, la codicia y el FOMO (miedo a perderse algo) 151

Desarrollar una mentalidad de inversión disciplinada y racional 155

CAPÍTULO IX: Tendencias y oportunidades futuras **161**

Tendencias emergentes en el mercado de las criptomonedas 161

Impacto potencial de la tecnología cadena de bloques en diversas industrias 166

Identificar oportunidades de inversión más allá de las criptomonedas 171

CONCLUSIÓN **176**

Resumen de las estrategias clave y los consejos discutidos .. 176

Estímulo para que los lectores comiencen su viaje de inversión en criptomonedas 180

Reflexiones finales y recursos adicionales para seguir aprendiendo 184

INTRODUCCIÓN

El panorama financiero ha cambiado recientemente debido a las criptomonedas, que tienen los intereses de los inversores en todo el mundo. El auge de Bitcoin y la aparición de innumerables altcoins han transformado la industria de las criptomonedas en un hervidero de oportunidades lucrativas. Sin embargo, la gestión de este mercado volátil y complejo requiere una comprensión profunda de sus complejidades y un enfoque estratégico de las inversiones.

Bienvenido a "Inversión en criptomonedas: navegando por el mercado de criptomonedas - Estrategias y consejos para inversiones rentables". Profundizaremos en el mundo de las criptomonedas en este libro electrónico y le brindaremos información perspicaz, estrategias rentables y consejos para ayudarlo a tomar decisiones acertadas.

El capítulo inicial del libro electrónico proporcionará la base para comprender las criptomonedas guiándolo a través de su definición fundamental y muchas variedades. Analizaremos sus cualidades distintivas y trazaremos su evolución para comprender mejor su relevancia en el mundo financiero.

Invertir en criptomonedas conlleva sus propios riesgos y desafíos, al igual que cualquier otro tipo de inversión. En el siguiente capítulo, abordaremos estos problemas de frente hablando de la volatilidad del mercado, los problemas legales, los riesgos de seguridad y los fraudes frecuentes a los que hay que prestar atención. Con esta información, estarás más preparado para proteger tus inversiones.

El análisis debe hacerse a fondo para poder tomar decisiones de inversión acertadas. Aprenderá sobre el análisis fundamental y técnico en el tercer y cuarto capítulo de este libro electrónico, respectivamente. Aprenderá a evaluar la tecnología de criptomonedas, medir la demanda del mercado, examinar gráficos y detectar patrones. Dispondrás de las herramientas analíticas necesarias para tomar decisiones de inversión acertadas.

Se necesita equilibrio para construir una cartera de criptomonedas, lo cual es un arte. El establecimiento de objetivos de inversión, la comprensión de la tolerancia al riesgo y la diversificación de su cartera para reducir las pérdidas potenciales se tratan en el capítulo cinco. Repasaremos varias técnicas de inversión, incluida la inversión a largo plazo, el comercio a corto plazo y la participación en ofertas iniciales de monedas (ICO), para que pueda ajustar su estrategia para cumplir con sus objetivos.

Para el éxito a largo plazo, administrar y salvaguardar sus finanzas es esencial. La creación y seguridad de billeteras de criptomonedas, el seguimiento y la administración de su cartera y la creación de planes de gestión de riesgos se tratarán en el capítulo siete. También haremos hincapié en lo crucial que es mantenerse al día con las noticias y los cambios de la industria para que su estrategia de inversión pueda ajustarse según sea necesario.

Gestionar tus emociones es parte de la inversión, además de los números y el análisis. En el capítulo ocho se analizan los sesgos psicológicos típicos que pueden afectar al juicio y perjudicar la capacidad de toma de decisiones. Proporcionaremos tácticas para combatir el FOMO (miedo a perderse algo), la codicia y otras emociones negativas para que pueda tomar decisiones financieras disciplinadas y lógicas.

El noveno y último capítulo se centrará en el futuro previsible. Veremos los desarrollos recientes en la industria de las criptomonedas, las posibles aplicaciones de la tecnología cadena de bloques en varios sectores y las opciones de inversión fuera de las criptomonedas. Puedes ponerte en una posición ventajosa para el éxito a largo plazo si comprendes estas tendencias más generales.

Este libro electrónico intenta armarlo con la información y los recursos necesarios para navegar por el mercado de criptomonedas de manera efectiva. Las ideas y consejos presentados en estas páginas le darán una base sólida para inversiones exitosas en criptomonedas, independientemente de su nivel de experiencia.

Emprendamos juntos este emocionante viaje para darnos cuenta de las posibilidades de la inversión en criptomonedas.

CAPÍTULO I

Entendiendo las Criptomonedas

Definición y características de las criptomonedas

Las criptomonedas se han convertido en una fuerza disruptiva en el panorama financiero, capturando la imaginación de inversores, tecnólogos y entusiastas por igual. Estos activos digitales han redefinido nuestra percepción del dinero e introducido una nueva era de transacciones descentralizadas. En esta sección, profundizaremos en la definición y características de las criptomonedas, arrojando luz sobre sus conceptos fundamentales y explorando su poder transformador.

Las criptomonedas, en esencia, son monedas digitales o virtuales que utilizan técnicas criptográficas para asegurar las transacciones y controlar la creación de nuevas unidades. El lanzamiento de Bitcoin en 2009 marcó el nacimiento de las criptomonedas, introducidas por un individuo o grupo anónimo conocido como Satoshi Nakamoto. Desde entonces, se han desarrollado miles de criptomonedas, comúnmente conocidas como altcoins, cada una con sus características y propósitos únicos.

Una de las características definitorias de las criptomonedas es su naturaleza descentralizada. A diferencia de las monedas fiduciarias tradicionales que están controladas por bancos centrales o autoridades gubernamentales, las criptomonedas operan en redes descentralizadas. Esta descentralización es posible gracias a la tecnología de contabilidad distribuida, o cadena de bloques, que registra todas las transacciones a través de una red de nodos o computadoras. La cadena de bloques garantiza la transparencia, la inmutabilidad y la seguridad al eliminar la necesidad de un intermediario centralizado.

Las criptomonedas aprovechan los algoritmos criptográficos para garantizar la seguridad e integridad de las transacciones. Estos algoritmos permiten a los usuarios enviar y recibir fondos de forma segura sin riesgo de fraude o manipulación. La criptografía de clave pública juega un papel vital en este proceso, donde cada usuario posee una clave pública para las transacciones y una clave privada para la autenticación y el acceso a sus fondos. Las medidas de seguridad criptográficas empleadas por las criptomonedas las hacen altamente resistentes a la piratería y la falsificación.

Muchas criptomonedas, incluido Bitcoin, tienen un suministro finito, lo que significa que solo habrá un número predeterminado de unidades. Diversos mecanismos, como un tope fijo de suministro o tasas de emisión controladas, logran esta escasez. Además, las criptomonedas a menudo emplean la minería para crear nuevas unidades y validar transacciones. La seguridad y el mantenimiento de la red están respaldados por mineros, que utilizan recursos computacionales para resolver desafiantes acertijos matemáticos a cambio de unidades de criptomonedas recién creadas.

Las criptomonedas ofrecen un alto nivel de transparencia debido a su naturaleza descentralizada. Todas las transacciones realizadas en la cadena de bloques son visibles para el público, lo que permite a cualquiera rastrear el flujo de fondos. Sin embargo, las identidades de las personas involucradas en estas transacciones a menudo son seudónimas en lugar de estar directamente vinculadas a identidades del mundo real. Este seudónimo proporciona un cierto nivel de privacidad al tiempo que mantiene la transparencia necesaria para la integridad del sistema.

Las criptomonedas trascienden las fronteras geográficas y los sistemas financieros tradicionales, lo que permite realizar transacciones transfronterizas sin problemas. A diferencia de los sistemas bancarios tradicionales que pueden imponer restricciones o incurrir en altas tarifas por transferencias internacionales, las criptomonedas facilitan transacciones instantáneas y rentables a escala global. Esta característica ha hecho que las criptomonedas sean particularmente atractivas para las personas en países con acceso limitado a servicios bancarios o economías inestables.

Las criptomonedas a menudo vienen con funciones de programabilidad, lo que permite a los desarrolladores crear aplicaciones descentralizadas (DApps) en sus plataformas subyacentes. Estas DApps pueden utilizar contratos inteligentes, contratos autoejecutables con reglas y condiciones predefinidas. Los contratos inteligentes permiten la automatización de diversos procesos, eliminando la necesidad de intermediarios y reduciendo los costes asociados. Este aspecto de la programabilidad abre un mundo de posibilidades, que van desde aplicaciones de finanzas descentralizadas (DeFi) hasta soluciones de gestión de la cadena de suministro.

El precio de las criptomonedas es notoriamente volátil, con grandes oscilaciones que ocurren en un corto período de tiempo. Varios factores influyen en esta volatilidad, incluida la demanda del mercado, el sentimiento de los inversores, los desarrollos regulatorios y las condiciones macroeconómicas. Si bien esta volatilidad presenta oportunidades para inversiones rentables, también plantea riesgos, ya que los precios pueden estar sujetos a manipulación y caídas repentinas de precios. Los inversores en criptomonedas deben estar preparados para la volatilidad de los precios y tener precaución en sus decisiones de inversión.

Las criptomonedas han allanado el camino para la innovación tecnológica y el potencial disruptivo en numerosas industrias. Más allá de su papel como monedas digitales, las criptomonedas han inspirado el desarrollo de aplicaciones descentralizadas, plataformas financieras descentralizadas, activos tokenizados y nuevos modelos de recaudación de fondos a través de ofertas iniciales de monedas (ICO) y ventas de tokens. La tecnología cadena de bloques que subyace a las criptomonedas tiene el potencial de revolucionar sectores como la gestión de la cadena de suministro, la atención médica, los sistemas de votación y más.

En conclusión, las criptomonedas han marcado el comienzo de una nueva era de finanzas digitales, introduciendo conceptos novedosos y transformando las nociones tradicionales de dinero. Utilizan la tecnología cadena de bloques para permitir transacciones peer-to-peer sin necesidad de intermediarios, y son descentralizadas, seguras y transparentes. El suministro limitado, el proceso de minería y las medidas de seguridad criptográficas agregan dimensiones únicas a su funcionalidad y atractivo. Sin embargo, la naturaleza especulativa y la volatilidad de las criptomonedas requieren que los inversores sean cautelosos y se acerquen al mercado con una mentalidad bien informada y disciplinada.

A medida que las criptomonedas evolucionan y ganan aceptación general, no se puede pasar por alto su impacto en el panorama financiero y en diversas industrias. La programabilidad, la accesibilidad sin fronteras y el potencial disruptivo de las criptomonedas han provocado la innovación y han abierto nuevas oportunidades tanto para las personas como para las empresas.

Las personas deben familiarizarse con la definición y las características de las criptomonedas para navegar con éxito en este mercado dinámico. Al comprender los conceptos fundamentales, los fundamentos tecnológicos y la naturaleza transformadora de las criptomonedas, los inversores pueden tomar decisiones informadas, participar en la economía digital y beneficiarse potencialmente del crecimiento y la adopción de estos activos digitales.

Las criptomonedas tienen desafíos, incluidas las complejidades regulatorias, los problemas de escalabilidad y los desarrollos continuos en la industria. Sin embargo, su potencial para remodelar las finanzas, empoderar a las personas e impulsar la innovación los convierte en un tema cautivador y una fuerza a tener en cuenta en la era moderna de la transformación digital.

Breve historia de las criptomonedas

Las criptomonedas han transformado el panorama financiero, cautivando al mundo con su naturaleza descentralizada e innovadora. En esta sección, nos embarcaremos en un viaje a través de la breve pero agitada historia de las criptomonedas. Desde la llegada de Bitcoin hasta la aparición de numerosas altcoins, exploraremos los hitos clave, las figuras influyentes y los desarrollos significativos que han dado forma al panorama de las criptomonedas tal y como lo conocemos hoy.

La historia comenzó en 2008 cuando un enigmático individuo o grupo llamado Satoshi Nakamoto publicó el libro blanco de Bitcoin titulado "Bitcoin: Un sistema de efectivo electrónico peer-to-peer". Este innovador documento esbozó la visión de una moneda digital descentralizada que revolucionaría los sistemas financieros tradicionales.

El Bloque Génesis, el primer bloque de la cadena de bloques de Bitcoin, fue minado por Nakamoto el 3 de enero de 2009. Esto marcó el nacimiento de Bitcoin y sentó las bases de la red descentralizada. El proceso de minería, en el que los participantes utilizan la potencia computacional para resolver problemas matemáticos complejos, garantizó la seguridad e integridad de la red.

En los primeros días, Bitcoin ganó terreno entre una comunidad de nicho de entusiastas de la criptografía y personas conocedoras de la tecnología. La primera transacción registrada ocurrió el 22 de mayo de 2010, cuando Laszlo Hanyecz compró dos pizzas por 10,000 Bitcoins, lo que demuestra el valor y la utilidad de la moneda digital en el mundo real.

A medida que se extendió el conocimiento de Bitcoin, la moneda digital ganó popularidad y atrajo la atención de inversores y tecnólogos. La naturaleza descentralizada y resistente a la censura de Bitcoin atrajo a aquellos que buscaban una alternativa a los sistemas financieros tradicionales. El precio de Bitcoin experimentó fluctuaciones significativas, alcanzando hitos notables como superar 1 dólar por primera vez en 2011 y superar los 10.000 dólares en 2017.

La popularidad de Bitcoin allanó el camino para la formación de otras criptomonedas, a menudo conocidas como altcoins. En 2011, se introdujo Litecoin, que ofrece tiempos de confirmación de transacciones más rápidos y un algoritmo de minería diferente. Le siguieron otras altcoins notables, como Ripple, Ethereum y Bitcoin Cash, cada una con características únicas, casos de uso y visiones para el futuro de las finanzas descentralizadas.

La introducción de Ethereum en 2015 marcó un hito importante en el panorama de las criptomonedas. Ethereum amplió las posibilidades más allá de la moneda digital al introducir una plataforma cadena de bloques que permitió el desarrollo de aplicaciones descentralizadas (DApps) y contratos inteligentes. Esta innovación desató una ola de creatividad y dio lugar a un vibrante ecosistema de aplicaciones de finanzas descentralizadas (DeFi), activos tokenizados y tokens no fungibles (NFT).

Con el tiempo, las criptomonedas ganaron un mayor reconocimiento y aceptación. Las principales empresas e instituciones comenzaron a reconocer su potencial, y algunas incluso integraron criptomonedas en sus operaciones. Por ejemplo, uno de los primeros minoristas importantes en aceptar Bitcoin como pago fue Overstock.com en 2014. Las instituciones financieras y los gobiernos también comenzaron a explorar la tecnología cadena de bloques subyacente para varios casos de uso, como las remesas transfronterizas y la gestión de la cadena de suministro.

El rápido crecimiento de las criptomonedas trajo consigo desafíos regulatorios y el escrutinio de los gobiernos de todo el mundo. Las preocupaciones en torno al lavado de dinero, la evasión fiscal y la protección de los inversores condujeron a diversos grados de regulación y marcos legales. Algunos países adoptaron las criptomonedas, proporcionando un entorno propicio para la innovación, mientras que otros implementaron regulaciones más estrictas o incluso prohibieron su uso por completo. El panorama regulatorio continúa evolucionando, dando forma al futuro de las criptomonedas.

A medida que las criptomonedas ganaron popularidad, se enfrentaron a desafíos técnicos y de escalabilidad. Las limitaciones de escalabilidad de Bitcoin se hicieron evidentes, lo que resultó en altas tarifas de transacción y tiempos de confirmación más largos durante los picos de demanda. Se propusieron soluciones de escalado como Lightning Network y Segregated Witness (SegWit) para abordar estos problemas. Del mismo modo, otras criptomonedas se encontraron con obstáculos técnicos, lo que requirió un desarrollo y mejoras continuos para manejar un mayor uso y mejorar la eficiencia de la red.

La historia de las criptomonedas es un testimonio del poder transformador de las tecnologías descentralizadas y de la resiliencia de la revolución cadena de bloques. Desde la creación de Bitcoin por el misterioso Satoshi Nakamoto hasta la aparición de un vibrante ecosistema de altcoins y aplicaciones descentralizadas, las criptomonedas han desafiado los sistemas financieros tradicionales e inspirado soluciones innovadoras.

A medida que las criptomonedas continúan evolucionando, su viaje es desafiante. Las complejidades regulatorias, los problemas de escalabilidad y la necesidad de una adopción más amplia siguen siendo áreas vitales que deben abordarse. Sin embargo, la historia de las criptomonedas demuestra su potencial para revolucionar las finanzas, empoderar a las personas e impulsar la innovación en diversas industrias.

A medida que avanzamos, debemos reflexionar sobre las lecciones aprendidas del pasado y aprovechar las oportunidades que ofrecen las criptomonedas. Al fomentar la colaboración entre la industria, los reguladores y las comunidades, podemos dar forma a un futuro en el que las criptomonedas coexistan con los sistemas financieros tradicionales, empoderando a las personas y desbloqueando todo el potencial de las tecnologías descentralizadas.

Conceptos clave y terminología

Las criptomonedas tienen un lenguaje y conceptos únicos que pueden parecer complejos y abrumadores para los recién llegados. Esta sección explorará los conceptos clave y la terminología de las criptomonedas, proporcionando una comprensión integral de los principios fundamentales que sustentan esta revolución digital. Al familiarizarnos con estos conceptos, podemos navegar con confianza por el panorama de las criptomonedas y tomar decisiones informadas.

La criptografía constituye la base de las criptomonedas. Es la práctica de asegurar la comunicación y la información mediante el uso de algoritmos matemáticos. Las criptomonedas utilizan la criptografía para asegurar las transacciones, controlar la creación de nuevas unidades y verificar la integridad de la cadena de bloques.

La descentralización es un concepto fundamental en las criptomonedas. A diferencia de los sistemas financieros tradicionales que dependen de autoridades centralizadas, las criptomonedas operan en redes descentralizadas. Esto significa que ninguna entidad tiene control sobre la moneda, y las transacciones son verificadas y registradas por una red distribuida de computadoras, lo que garantiza la transparencia, la seguridad y la resistencia a la censura.

Un libro mayor distribuido llamado cadena de bloques realiza un seguimiento de todas las transacciones de criptomonedas. Se compone de varios bloques, cada uno de los cuales tiene una lista de transacciones. Una vez que se agrega un bloque a la cadena, es prácticamente inmutable, lo que significa que no se puede alterar ni manipular fácilmente. La cadena de bloques proporciona transparencia, seguridad y confianza en el ecosistema de las criptomonedas.

Las billeteras son dispositivos de software o hardware que permiten a los usuarios almacenar y administrar sus tenencias de criptomonedas de forma segura. Las billeteras generan direcciones únicas para que los usuarios envíen y reciban criptomonedas. Hay varios tipos de billeteras, incluidas las billeteras de hardware (objetos físicos que contienen claves privadas fuera de línea) y las billeteras de software (billeteras de escritorio o móviles).

La criptografía es utilizada por la criptomoneda, una moneda digital o virtual que no está bajo la jurisdicción de una sola organización. Algunos ejemplos son Bitcoin, Ethereum y Litecoin.

Bitcoin es la primera y más conocida criptomoneda. Fue presentado en 2009 por el seudónimo Satoshi Nakamoto. Bitcoin opera en una red descentralizada y a menudo se le conoce como oro digital.

Cualquier criptomoneda que no sea Bitcoin se denomina altcoin. Algunos ejemplos son Ethereum, Ripple y Litecoin. Las altcoins a menudo ofrecen características únicas, casos de uso o mejoras en la tecnología de Bitcoin.

Los tokens son activos digitales que operan en plataformas cadena de bloques existentes como Ethereum. Los tokens representan la propiedad de un activo o se pueden utilizar para fines específicos dentro de las aplicaciones descentralizadas (DApps).

La minería es el proceso mediante el cual se crean nuevas unidades de criptomonedas y las transacciones se validan y agregan a la cadena de bloques. Los mineros contribuyen a la seguridad y el mantenimiento de la red mediante el uso de la potencia computacional para resolver desafiantes acertijos matemáticos.

Proof of Work (PoW) y Proof of Stake (PoS) son mecanismos de consenso utilizados en las redes cadena de bloques. PoW se basa en el trabajo computacional, donde los mineros compiten para resolver problemas matemáticos. PoS, por otro lado, se basa en que los participantes "apuesten" sus tenencias de criptomonedas para validar las transacciones en función de su participación en la propiedad.

Cuando una cadena de bloques se divide en dos cadenas distintas, se conoce como bifurcación. Esto sucede con mayor frecuencia como resultado de actualizaciones de protocolos o conflictos de la comunidad. Las bifurcaciones se pueden clasificar como bifurcaciones duras (que dan como resultado dos cadenas de bloques diferentes) o bifurcaciones suaves (compatibles con la cadena de bloques original).

Un proyecto puede utilizar una ICO (Oferta Inicial de Monedas) como medio para obtener dinero para la creación de un nuevo proyecto basado en criptomonedas o cadena de bloques. Al intercambiar criptomonedas existentes como Bitcoin o Ethereum por tokens específicos del proyecto, los inversores participan en la ICO.

Los usuarios pueden comprar, vender e intercambiar criptomonedas en los intercambios de criptomonedas. Los intercambios facilitan la conversión de monedas fiduciarias (como USD o EUR) en criptomonedas y proporcionan un mercado para que los usuarios intercambien diferentes criptomonedas.

Las órdenes limitadas permiten a los clientes especificar niveles de precios precisos a los que desean comprar o vender una criptomoneda, a diferencia de las órdenes de mercado, que incluyen la compra o venta de una criptomoneda al precio de mercado actual.

Los pares comerciales se refieren a las dos criptomonedas o monedas fiduciarias involucradas en una operación en un intercambio. Por ejemplo, un par comercial típico es BTC/USD, donde Bitcoin se negocia contra el dólar estadounidense.

Los mercados de criptomonedas son conocidos por su alta volatilidad, lo que significa que los precios pueden experimentar fluctuaciones significativas en períodos cortos. La facilidad con la que se puede comprar o vender una criptomoneda sin afectar significativamente a su precio se conoce como liquidez. Por lo general, es deseable una mayor liquidez para un comercio eficiente.

Los gráficos de velas se utilizan comúnmente en el comercio de criptomonedas para visualizar los movimientos de precios a lo largo del tiempo. El análisis técnico implica el estudio de los datos históricos de precios y los patrones de los gráficos para predecir los movimientos futuros de los precios.

Comprender los conceptos clave y la terminología de las criptomonedas es esencial para navegar por el panorama de las criptomonedas en constante evolución. Con una sólida comprensión de conceptos fundamentales como la criptografía, la descentralización y la tecnología cadena de bloques, y el conocimiento de términos clave como altcoins, minería e ICO, las personas pueden interactuar con las criptomonedas con confianza.

A medida que el ecosistema de las criptomonedas evolucione, surgirán nuevos conceptos y terminología. Mantenernos informados y ampliar continuamente nuestros conocimientos nos ayudará a adaptarnos a estos cambios y aprovechar al máximo los beneficios potenciales de las criptomonedas. Al sumergirnos en el lenguaje de las criptomonedas, podemos participar activamente en esta revolución digital y contribuir a su continuo desarrollo y crecimiento.

Diferentes tipos de criptomonedas

El mercado de las criptomonedas se ha expandido rápidamente desde la introducción de Bitcoin, dando lugar a muchas criptomonedas diferentes. Cada criptomoneda ofrece características únicas, casos de uso y tecnologías subyacentes, que satisfacen diversas necesidades y preferencias. En esta sección se explorarán los diferentes tipos de criptomonedas, profundizando en sus características y propósitos. Al comprender las diversas categorías de criptomonedas, las personas pueden obtener información sobre las diversas oportunidades y funcionalidades dentro del panorama de los activos digitales.

Bitcoin, la primera y más conocida criptomoneda, introdujo el concepto de monedas digitales descentralizadas. Opera en una red peer-to-peer, lo que permite transacciones directas sin intermediarios. El enfoque principal de Bitcoin es como moneda digital y reserva de valor, a menudo visto como oro digital.

Las stablecoins son monedas digitales con un valor fijo que suelen estar ancladas al dinero fiduciario como el dólar estadounidense. Ofrecen estabilidad en el precio y se utilizan comúnmente como un medio para transferir valor entre diferentes exchanges o como cobertura contra la volatilidad en el mercado de criptomonedas.

Las monedas digitales de los bancos centrales (CBDC) son representaciones digitales de monedas fiduciarias emitidas por los bancos centrales. Estas criptomonedas tienen como objetivo combinar los beneficios de las monedas digitales con la estabilidad y la supervisión regulatoria de las monedas fiduciarias tradicionales. Las CBDC están siendo desarrolladas por varios bancos centrales de todo el mundo y se espera que desempeñen un papel importante en el futuro de las finanzas digitales.

Ethereum es una plataforma cadena de bloques que introdujo el concepto de contratos inteligentes. Permite a los programadores crear y lanzar aplicaciones descentralizadas (DApps). La criptomoneda nativa de Ethereum se llama Ether (ETH), que alimenta la red y facilita las transacciones dentro del ecosistema.

Varias plataformas de cadena de bloques tienen sus tokens nativos, a menudo llamados tokens de plataforma. Estos tokens alimentan el funcionamiento de la cadena de bloques, lo que permite a los usuarios acceder y utilizar las funciones de la plataforma. Algunos ejemplos son Binance Coin (BNB) en Binance Smart Chain y Cardano (ADA) en la cadena de bloques de Cardano.

Los tokens de utilidad son criptomonedas que otorgan a los titulares acceso a un producto o servicio específico dentro de un ecosistema cadena de bloques. A menudo se utilizan para incentivar a los usuarios y alinear sus intereses con el éxito del proyecto. Algunos ejemplos de tokens de utilidad son Basic Attention Token (BAT), utilizado en el navegador Brave, y Chainlink (LINK), utilizado para servicios de oráculo descentralizados.

Las monedas de privacidad priorizan el anonimato y la privacidad en las transacciones mediante la implementación de técnicas criptográficas avanzadas. Estas criptomonedas tienen como objetivo brindar a los usuarios un mayor control sobre su información financiera y la privacidad transaccional. Monero (XMR), Zcash (ZEC) y Dash (DASH) son ejemplos de criptomonedas centradas en la privacidad.

Los tokens de seguridad indican la propiedad total o parcial de activos tangibles como acciones o bienes inmuebles. Estos tokens están sujetos a regulaciones y ofrecen a los inversores derechos y protecciones legales. Los tokens de seguridad tienen como objetivo cerrar la brecha entre los mercados financieros tradicionales y los beneficios de la tecnología cadena de bloques.

Los tokens de interoperabilidad buscan permitir una comunicación e interacción fluidas entre diferentes redes cadena de bloques. Su objetivo es abordar el desafío de las cadenas de bloques aisladas y facilitar la transferencia de activos y datos a través de varios protocolos. Algunos ejemplos son Polkadot (DOT) y Cosmos (ATOM).

La escalabilidad ha sido un desafío persistente para las redes cadena de bloques, lo que dificulta su capacidad para manejar un gran volumen de transacciones. Las soluciones de escalado tienen como objetivo superar estas limitaciones aumentando el rendimiento y la eficiencia de las redes cadena de bloques. Algunos ejemplos son las soluciones de capa 2, como la Lightning Network para Bitcoin y la próxima actualización de Ethereum a Ethereum 2.0.

El mundo de las criptomonedas es un ecosistema diverso que comprende varios tipos de activos digitales, cada uno de los cuales atiende a necesidades y casos de uso específicos. Bitcoin allanó el camino para las monedas digitales descentralizadas, mientras que las stablecoins ofrecen estabilidad y facilidad de uso. Las plataformas de cadena de bloques como Ethereum introdujeron contratos inteligentes, lo que permitió crear aplicaciones y tokens descentralizados. Las criptomonedas centradas en la privacidad y la seguridad proporcionan una mayor privacidad transaccional y representación de la propiedad.

Los tokens de interoperabilidad y las soluciones de escalado abordan los desafíos de la conectividad y la escalabilidad, con el objetivo de fomentar un ecosistema cadena de bloques más interconectado y eficiente. Comprender los diferentes tipos de criptomonedas es crucial para los inversores, desarrolladores y entusiastas que buscan navegar por este panorama en constante evolución.

A medida que el mercado de las criptomonedas madure, surgirán nuevos tipos de criptomonedas, que reflejarán las necesidades y demandas de los usuarios y los mercados. Al mantenerse informado, explorar las posibilidades dentro de cada categoría y comprender las fortalezas y limitaciones de las diferentes criptomonedas, las personas pueden tomar decisiones informadas y participar en el dinámico mundo de los activos digitales, contribuyendo al crecimiento y avance de esta tecnología transformadora.

CAPÍTULO II

Riesgos y desafíos en la inversión en criptomonedas

Volatilidad y fluctuaciones de precios

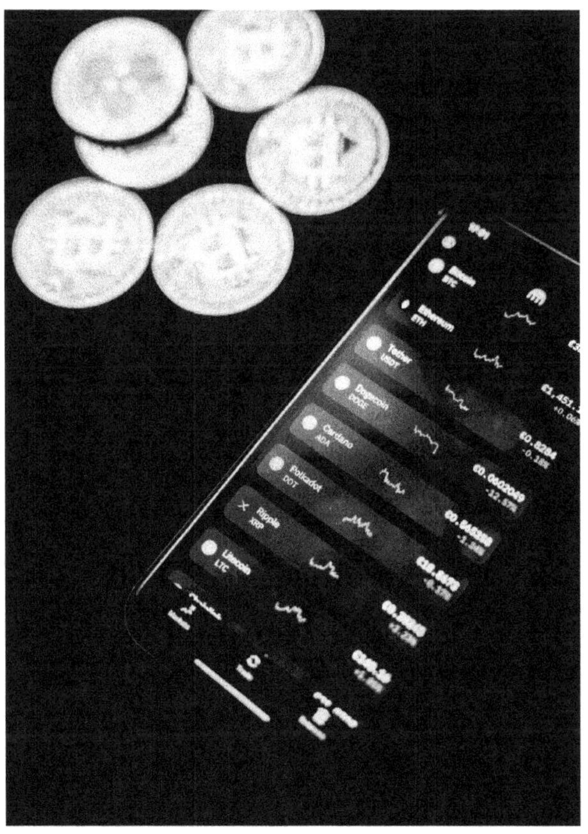

La volatilidad y las fluctuaciones de precios son características inherentes a las criptomonedas que han cautivado y disuadido a los inversores. La volatilidad del mercado de criptomonedas ha sido un tema de gran interés y preocupación, ya que los precios pueden experimentar oscilaciones significativas en plazos cortos. En esta sección, exploraremos los factores que contribuyen a la volatilidad y las fluctuaciones de precios de las criptomonedas, examinaremos su impacto en los inversores y el mercado, y discutiremos estrategias para navegar por este panorama dinámico.

La volatilidad es la medida de cuánto fluctúa el precio de un instrumento financiero durante un período de tiempo predeterminado. Es una medida estadística que cuantifica la dispersión de los rendimientos. Las criptomonedas, en particular Bitcoin, se han ganado la reputación de exhibir altos niveles de volatilidad en comparación con los activos tradicionales como las acciones o las materias primas.

Varios factores contribuyen a la volatilidad de las criptomonedas. Estos incluyen la demanda y el sentimiento del mercado, los desarrollos regulatorios, los avances tecnológicos, las condiciones macroeconómicas, la cobertura de los medios de comunicación y las personas influyentes en las redes sociales. La interconexión de estos factores amplifica el impacto potencial en los precios de las criptomonedas.

Las criptomonedas a menudo carecen de los anclajes fundamentales tradicionales que estabilizan el valor de los activos. A diferencia de las acciones, que pueden evaluarse en función del rendimiento de la empresa, los valores de las criptomonedas están impulsados principalmente por el sentimiento del mercado y el comercio especulativo. Esta ausencia de métricas de valoración tradicionales puede contribuir a una mayor volatilidad.

El trading especulativo juega un papel importante en las fluctuaciones de precios. Los mercados de criptomonedas están influenciados por los traders que buscan ganancias a corto plazo, a menudo impulsados por las tendencias del mercado, el análisis técnico y el miedo a perderse algo (FOMO). Las decisiones rápidas de compra y venta pueden provocar volatilidad de precios a medida que los traders reaccionan a los movimientos del mercado.

La profundidad y la liquidez de los mercados de criptomonedas pueden afectar a la estabilidad de los precios. La falta de liquidez y un número limitado de compradores y vendedores pueden facilitar significativamente que las grandes transacciones afecten a los precios. Esto puede dar lugar a oscilaciones de precios más pronunciadas, especialmente en criptomonedas más pequeñas con volúmenes de negociación más bajos.

Las noticias y el sentimiento tienen una influencia significativa en los precios de las criptomonedas. Las noticias positivas, como los desarrollos regulatorios, la adopción institucional o los avances tecnológicos, pueden hacer subir los precios. Por el contrario, las noticias negativas, las brechas de seguridad, las medidas enérgicas contra la normativa o el sentimiento negativo de figuras influyentes pueden desencadenar caídas de precios. La rápida difusión de noticias a través de las plataformas de redes sociales puede amplificar las fluctuaciones de precios.

La volatilidad de las criptomonedas presenta tanto oportunidades como riesgos para los inversores. Por otro lado, la alta volatilidad de los precios puede conducir a ganancias sustanciales, lo que permite a los traders astutos beneficiarse de los movimientos de precios a corto plazo. Por otro lado, expone a los inversores a pérdidas significativas si juzgan mal las tendencias del mercado o no gestionan el riesgo de forma eficaz.

La volatilidad de los precios puede provocar fuertes respuestas emocionales por parte de los inversores, lo que lleva a una toma de decisiones sesgada. El miedo y la codicia a menudo impulsan decisiones impulsivas de compra o venta, lo que resulta en pérdidas. Superar los sesgos emocionales es crucial para la toma de decisiones racionales y el éxito a largo plazo en la inversión en criptomonedas.

La gestión eficaz del riesgo es esencial cuando se navega por el volátil mercado de las criptomonedas. La diversificación, el establecimiento de objetivos de inversión claros, el establecimiento de órdenes de stop-loss y el empleo de técnicas adecuadas de dimensionamiento de posiciones son algunas de las estrategias de gestión de riesgos que pueden ayudar a los inversores a mitigar las posibles pérdidas.

Adoptar un enfoque de inversión a largo plazo puede ayudar a los inversores a capear las fluctuaciones de precios a corto plazo. En lugar de centrarse en los movimientos diarios de los precios, los inversores a largo plazo pretenden capturar el potencial de crecimiento general de las criptomonedas a lo largo del tiempo, lo que permite una mayor estabilidad y un menor impacto de la volatilidad a corto plazo.

Realizar un análisis fundamental exhaustivo puede ayudar a los inversores a identificar las criptomonedas con una tecnología sólida, un equipo sólido y una utilidad en el mundo real. Un conocimiento profundo de los fundamentos del proyecto puede proporcionar confianza en sus perspectivas a largo plazo y reducir el impacto de las fluctuaciones de precios a corto plazo.

Dollar-Cost Averaging (DCA), una estrategia de inversión en la que los inversores invierten regularmente una cantidad fija en criptomonedas a lo largo del tiempo, independientemente del precio de mercado. Este enfoque permite a los inversores mitigar el impacto de la volatilidad a corto plazo promediando sus puntos de entrada y aprovechando las caídas del mercado.

Una cuidadosa evaluación de riesgos y la debida diligencia son esenciales a la hora de invertir en criptomonedas. Comprender los riesgos asociados con criptomonedas específicas, evaluar al equipo, evaluar la hoja de ruta del proyecto y mantenerse informado sobre los desarrollos regulatorios puede ayudar a los inversores a tomar decisiones informadas.

La volatilidad y las fluctuaciones de precios son características definitorias del mercado de criptomonedas. Comprender los factores que contribuyen a la volatilidad y las implicaciones para los inversores es crucial para navegar con éxito en este panorama dinámico. Si bien la volatilidad presenta oportunidades de ganancias, también conlleva riesgos. Los inversores deben adoptar estrategias que se alineen con su tolerancia al riesgo y sus objetivos de inversión, incluida la adopción de una perspectiva a largo plazo, la realización de análisis exhaustivos, la implementación de estrategias de gestión de riesgos y mantenerse informados sobre la evolución del mercado.

A medida que evoluciona el mercado de las criptomonedas, los cambios normativos, los avances tecnológicos y la creciente adopción institucional pueden contribuir a la evolución de los patrones de volatilidad. Los inversores pueden negociar las condiciones fluctuantes del mercado de criptomonedas y posicionarse para el éxito a largo plazo permaneciendo informados, disciplinados y adaptables.

Consideraciones reglamentarias y legales

A medida que las criptomonedas han ganado popularidad y adopción generalizadas, las consideraciones regulatorias y legales se han convertido en aspectos cruciales del panorama de los activos digitales. Los problemas creados por las criptomonedas están siendo abordados por los gobiernos y las agencias reguladoras de todo el mundo en su intento de lograr un equilibrio entre la promoción de la innovación y la protección de los inversores. En esta sección, exploraremos las consideraciones regulatorias y legales que rodean a las criptomonedas, examinando el panorama regulatorio en evolución, el impacto de las regulaciones en el mercado y la importancia del cumplimiento para las personas y las empresas.

Los enfoques regulatorios de las criptomonedas varían significativamente entre los diferentes países y jurisdicciones. Algunos países han adoptado las criptomonedas, fomentando la innovación y proporcionando un entorno regulatorio favorable, mientras que otros han adoptado una postura más cautelosa o incluso restrictiva. Exploraremos ejemplos de enfoques regulatorios adoptados por países como Estados Unidos, Japón y Suiza.

La regulación de las criptomonedas presenta desafíos únicos debido a su naturaleza descentralizada, transacciones transfronterizas y rápidos avances tecnológicos. Los gobiernos y los organismos reguladores deben abordar la protección de los inversores, la lucha contra el blanqueo de capitales (AML), los requisitos de conocimiento del cliente (KYC), la fiscalidad y la integridad del mercado. Para maximizar las ventajas de las criptomonedas y minimizar los riesgos, es crucial lograr el equilibrio adecuado entre la regulación y la innovación.

El entorno regulatorio que rige las criptomonedas siempre está cambiando. Los gobiernos y los organismos reguladores están trabajando activamente para establecer marcos y pautas para abordar los desafíos asociados con las criptomonedas. Estos desarrollos incluyen propuestas regulatorias, enmiendas a las leyes existentes, colaboraciones entre la industria y los reguladores, y esfuerzos internacionales para establecer estándares consistentes.

Las medidas regulatorias tienen como objetivo proteger a los inversores del fraude, las estafas y la manipulación del mercado. Los requisitos de licencia para los intercambios, las regulaciones de divulgación y las acciones de cumplimiento contra las actividades fraudulentas se implementan para salvaguardar los intereses de los inversores. El establecimiento de marcos regulatorios puede aumentar la confianza del mercado y atraer a los inversores institucionales.

Las regulaciones pueden ayudar a mantener la estabilidad y la integridad del mercado al combatir el lavado de dinero, el financiamiento del terrorismo y las actividades ilícitas. Los procedimientos KYC y AML, las obligaciones de información y los requisitos de monitoreo de transacciones ayudan a disuadir y detectar actividades sospechosas. La mejora de la integridad del mercado promueve un ecosistema de criptomonedas más saludable y sostenible.

Lograr un equilibrio entre la regulación y la innovación es crucial para fomentar el crecimiento de las startups y las tecnologías emergentes. Las regulaciones excesivas o excesivamente restrictivas pueden sofocar la innovación, desalentar la inversión y llevar a las empresas a jurisdicciones más complacientes. Los sandboxes regulatorios, que proporcionan un entorno controlado para probar soluciones innovadoras, son un enfoque que algunos reguladores adoptan para respaldar la innovación al tiempo que garantizan el cumplimiento.

Los requisitos de Conozca a su cliente (KYC) y contra el lavado de dinero (AML) garantizan el cumplimiento y evitan actividades ilícitas. Las empresas de criptomonedas, incluidos los exchanges y los proveedores de billeteras, están cada vez más obligadas a implementar procedimientos sólidos de KYC y AML para confirmar la identidad de sus usuarios y monitorear las transacciones en busca de actividades sospechosas.

Las transacciones de criptomonedas pueden tener implicaciones fiscales, y las personas y las empresas son responsables de cumplir con las leyes fiscales en sus respectivas jurisdicciones. Las autoridades fiscales se centran cada vez más en las criptomonedas, exigiendo informes precisos de las transacciones y los hechos imponibles. Consultar con profesionales de impuestos y mantenerse informado sobre las regulaciones fiscales son esenciales para el cumplimiento.

Las empresas que operan en el espacio de las criptomonedas deben navegar por un complejo panorama regulatorio. Los requisitos de cumplimiento pueden incluir la concesión de licencias, el registro, las obligaciones de presentación de informes y el cumplimiento de normas específicas. La implementación de programas de cumplimiento sólidos, la contratación de asesores legales y mantenerse al día con los desarrollos regulatorios son fundamentales para que las empresas operen dentro del marco legal.

A medida que las criptomonedas trascienden las fronteras geográficas, existe una creciente necesidad de armonización y cooperación internacional en los enfoques regulatorios. La colaboración entre los gobiernos y los organismos reguladores puede facilitar la coherencia de las normas, mejorar la cooperación transfronteriza y abordar el arbitraje regulatorio.

Los esfuerzos continuos para mejorar la protección y la educación del consumidor son cruciales en las criptomonedas. Educar a las personas sobre los riesgos y las recompensas de las criptomonedas, promover prácticas de inversión responsable y garantizar la transparencia en las divulgaciones puede mitigar los daños potenciales y capacitar a los usuarios para que tomen decisiones informadas.

Los reguladores están explorando cada vez más enfoques innovadores para abordar los desafíos únicos que plantean las criptomonedas. Esto incluye experimentar con sandboxes regulatorios, crear marcos regulatorios especializados y comprometerse con las partes interesadas de la industria para desarrollar regulaciones adaptables y efectivas.

Las consideraciones regulatorias y legales juegan un papel importante en la configuración del panorama de las criptomonedas. La evolución del panorama normativo refleja los esfuerzos continuos de los gobiernos y los organismos reguladores para lograr un equilibrio entre el fomento de la innovación y la protección de los inversores. Las regulaciones afectan la estabilidad del mercado, la protección de los inversores y el crecimiento de las nuevas empresas en el ecosistema de las criptomonedas.

El cumplimiento de las regulaciones, incluidas las obligaciones KYC, AML y fiscales, es esencial para las personas y empresas involucradas en las criptomonedas. Adherirse a las mejores prácticas, contratar a un asesor legal y mantenerse informado sobre los desarrollos regulatorios son vitales para operar dentro del marco legal.

A medida que el mercado de criptomonedas madure, las consideraciones regulatorias permanecerán a la vanguardia de las discusiones. La colaboración entre los reguladores, la armonización internacional de las normas y los esfuerzos continuos para mejorar la protección y la educación de los consumidores darán forma al futuro panorama normativo, proporcionando una base sólida para el crecimiento sostenible y la adopción generalizada de las criptomonedas.

Riesgos de seguridad y protección de sus inversiones

Invertir en criptomonedas ofrece recompensas potenciales, pero también expone a las personas a diversos riesgos de seguridad. Como activos digitales, las criptomonedas se enfrentan a vulnerabilidades únicas, como la piratería, las estafas y los robos. Esta sección explorará los riesgos de seguridad asociados con las criptomonedas, discutirá las mejores prácticas para salvaguardar las inversiones y profundizará en la importancia de mantener medidas de seguridad sólidas en el ecosistema de las criptomonedas.

Las criptomonedas son susceptibles a las amenazas de ciberseguridad, como la piratería, los ataques de phishing, el malware y el ransomware. Los piratas informáticos se dirigen a individuos, exchanges y billeteras para obtener acceso no autorizado a fondos o claves privadas. La naturaleza descentralizada de las criptomonedas, si bien ofrece ventajas, también puede convertirlas en objetivos atractivos para los ciberdelincuentes.

Los exchanges de criptomonedas actúan como intermediarios para comprar, vender y almacenar criptomonedas. Sin embargo, presentan riesgos inherentes debido a su naturaleza centralizada. Los hackeos de exchanges han resultado en pérdidas financieras significativas, lo que destaca la importancia de seleccionar exchanges de buena reputación y comprender sus protocolos de seguridad.

Las billeteras son cruciales para almacenar y administrar criptomonedas de forma segura. Sin embargo, la seguridad de las billeteras puede variar según su tipo: billeteras de software, billeteras de hardware o billeteras en línea. Las personas deben conocer las características y prácticas de seguridad asociadas con el tipo de billetera elegido.

La popularidad de las ICO como método de recaudación de fondos ha llevado a un aumento de los proyectos fraudulentos y las estafas.

Las personas deben tener cuidado al participar en ICO, realizar la debida diligencia en el proyecto, el equipo y el documento técnico, y desconfiar de las promesas y garantías poco realistas.

El uso de contraseñas seguras y únicas para las cuentas de criptomonedas es crucial. La implementación de la autenticación de dos factores (2FA) agrega una capa adicional de seguridad al requerir un segundo paso de verificación, como un código enviado a un dispositivo móvil.

La gestión adecuada de la billetera es esencial para proteger las inversiones. Las mejores prácticas incluyen el uso de billeteras de buena reputación, la actualización periódica del software de la billetera, el almacenamiento seguro de frases de respaldo o claves privadas fuera de línea y evitar compartir información confidencial de la billetera.

El almacenamiento en frío se refiere a mantener las criptomonedas fuera de línea de manera segura. Las billeteras de hardware ofrecen una solución confiable de almacenamiento en frío al almacenar claves privadas fuera de línea y proporcionar funciones de seguridad adicionales. Esto ayuda a proteger los fondos de las amenazas en línea y reducir el riesgo de acceso no autorizado.

La actualización del software es esencial para preservar la seguridad. La actualización periódica del software de la billetera, los sistemas operativos y el software antivirus garantiza que se aborden las vulnerabilidades de seguridad, lo que reducir el riesgo de explotación.

La educación desempeña un papel fundamental en la protección de las inversiones. Comprender las amenazas de seguridad comunes, mantenerse informado sobre los riesgos emergentes y seguir fuentes de información confiables puede ayudar a las personas a tomar decisiones informadas e identificar posibles señales de alerta.

Las billeteras multifirma (Multisig) requieren varias firmas o aprobaciones para completar una transacción. Esta capa adicional de seguridad proporciona una mayor protección contra el acceso no autorizado y ayuda a mitigar los riesgos asociados con un único punto de fallo.

Diversificar las inversiones en diferentes criptomonedas y billeteras puede mitigar los riesgos. Además, la implementación de estrategias adecuadas de gestión de riesgos, como el establecimiento de límites de inversión y la revisión periódica de las carteras de inversión, es esencial para salvaguardar las inversiones.

Las criptomonedas centradas en la privacidad ofrecen funciones de privacidad mejoradas, protegiendo la información transaccional y personal. Las personas preocupadas por la privacidad deben considerar las criptomonedas que priorizan la privacidad, como Monero (XMR) o Zcash (ZEC).

Las medidas de seguridad son cruciales para generar confianza y fomentar la adopción generalizada de las criptomonedas. La implementación de prácticas de seguridad sólidas, intercambios, proveedores de billeteras y proyectos de cadena de bloques puede infundir confianza al usuario, atrayendo a más personas y empresas a participar en el ecosistema.

Los gobiernos y los organismos reguladores reconocen cada vez más la importancia de la seguridad en el espacio de las criptomonedas. Los marcos normativos suelen incluir requisitos de seguridad y cumplimiento para proteger a los usuarios y prevenir el fraude. El cumplimiento de estas regulaciones ayuda a fomentar un ecosistema de criptomonedas más seguro y regulado.

La colaboración entre las partes interesadas de la industria, incluidos los exchanges, los proveedores de billeteras y los desarrolladores, es vital para abordar los riesgos de seguridad de manera colectiva. Compartir las mejores prácticas, realizar auditorías de seguridad y establecer estándares de la industria crean un panorama de criptomonedas más seguro.

Los riesgos de seguridad son inherentes a las criptomonedas, pero al implementar medidas de seguridad adecuadas, las personas pueden proteger sus inversiones y mitigar las posibles amenazas. La protección de las criptomonedas requiere una combinación de mejores prácticas, incluido el uso de contraseñas seguras, el empleo de 2FA, la gestión segura de carteras y la diversificación de las inversiones.

El ecosistema de las criptomonedas en su conjunto debe priorizar la seguridad para generar confianza, fomentar la adopción y fomentar el cumplimiento normativo. La colaboración entre las partes interesadas de la industria, las iniciativas regulatorias y la educación continua son fundamentales para mantener un entorno seguro para que las personas y las empresas participen en el mundo transformador de las criptomonedas. Al mantenerse informado e implementar prácticas de seguridad sólidas, las personas pueden navegar con confianza por las criptomonedas y proteger sus inversiones de posibles amenazas.

Estafas y fraudes comunes en el mercado de las criptomonedas

Si bien ofrece grandes oportunidades, el mercado de criptomonedas también atrae a estafadores y estafadores que buscan explotar a personas desprevenidas. Es crucial estar al tanto de las estafas y fraudes típicos presentes en la industria de las criptomonedas a medida que su popularidad continúa aumentando. En esta sección, exploraremos los diversos tipos de estafas y actividades fraudulentas, discutiremos las señales de alerta a las que debe estar atento y brindaremos consejos para protegerse de estas prácticas engañosas.

Los esquemas Ponzi son esquemas de inversión fraudulentos que prometen altos rendimientos a los primeros inversores utilizando fondos obtenidos de inversores posteriores. Dependen de una afluencia continua de nuevos participantes para pagar a los inversores existentes. Los esquemas Ponzi basados en criptomonedas atraen a las personas con promesas de ganancias garantizadas o altas tasas de interés, a menudo empleando técnicas de marketing multinivel.

En los esquemas de bombeo y descarga, el precio de una criptomoneda en particular se infla artificialmente utilizando información falsa y exageración. Los orquestadores compran una gran cantidad de una criptomoneda de bajo valor, la promocionan para crear interés de compra y luego venden sus tenencias al precio inflado, dejando a otros inversores con pérdidas.

Las falsas Ofertas Iniciales de Monedas (ICO) tienen como objetivo engañar a los inversores ofreciendo tokens para proyectos inexistentes o proyectos sin la intención de entregar los resultados prometidos. Las ICO fraudulentas a menudo utilizan tácticas de marketing engañosas, incluidos miembros falsos del equipo, documentos técnicos plagiados y afirmaciones exageradas, para atraer a los inversores a contribuir con fondos.

Los ataques de phishing implican intentos engañosos de obtener claves privadas u otra información confidencial haciéndose pasar por organizaciones confiables. Los estafadores envían correos electrónicos engañosos o crean sitios web falsos que se asemejan a plataformas populares de criptomonedas, engañando a los usuarios para que proporcionen credenciales o accedan a enlaces maliciosos.

Los incidentes de piratería dirigidos a los exchanges de criptomonedas han resultado en pérdidas financieras sustanciales. Los piratas informáticos explotan las vulnerabilidades en las plataformas de intercambio o las técnicas de ingeniería social para obtener acceso no autorizado a las cuentas de los usuarios y robar fondos. Las malas prácticas de seguridad, incluidas las contraseñas débiles o la falta de autenticación de dos factores (2FA), aumentan el riesgo de violaciones de los exchanges.

Las amenazas de malware y ransomware se dirigen a los usuarios de criptomonedas infectando sus dispositivos, robando información confidencial o cifrando archivos hasta que se paga un rescate. El software malicioso puede monitorear las pulsaciones de teclas, comprometer billeteras o secuestrar transacciones, poniendo en riesgo los fondos de los usuarios.

Los estafadores crean billeteras de criptomonedas falsas que parecen legítimas pero están diseñadas para robar los fondos de los usuarios. Estas billeteras maliciosas pueden anunciarse en sitios web de phishing o tiendas de aplicaciones, y los usuarios que las descargan y usan sin saberlo corren el riesgo de perder sus criptomonedas.

Los exchanges de criptomonedas falsos imitan plataformas legítimas, atrayendo a los usuarios a depositar fondos que nunca se acreditan o permitiendo operaciones con precios manipulados. Estos intercambios a menudo tienen interfaces de usuario engañosas y pueden desaparecer después de un cierto período, llevándose consigo los fondos de los usuarios.

Investigue a fondo los proyectos, los equipos y las plataformas antes de invertir en ellos o utilizarlos. Verifica la legitimidad de las ICO, los exchanges y las billeteras revisando las reseñas, evaluando su presencia en línea y buscando recomendaciones de fuentes confiables.

Sea escéptico ante las oportunidades de inversión que prometen rendimientos poco realistas o ganancias garantizadas. Recuerde que las inversiones legítimas conllevan riesgos inherentes, y cualquier esquema que ofrezca rendimientos extraordinarios con poco o ningún riesgo es probablemente fraudulento.

Proteja sus contraseñas, claves privadas y frases semilla mediante el uso de combinaciones seguras y únicas, almacenándolas de forma segura sin conexión y absteniéndose de compartirlas con nadie. Habilite la autenticación de dos factores (2FA) siempre que sea posible para agregar una capa adicional de seguridad.

Vuelva a verificar las URL de los sitios web para asegurarse de que está accediendo a plataformas legítimas. Tenga cuidado al hacer clic en enlaces de correos electrónicos o mensajes no solicitados, ya que pueden conducir a sitios de phishing. Escriba siempre las URL manualmente o utilice marcadores para acceder a sitios web de confianza.

Infórmese continuamente sobre las últimas estafas y fraudes en el mercado de las criptomonedas. Manténgase actualizado sobre las mejores prácticas de seguridad, siga fuentes de información confiables e interactúe con la comunidad de criptomonedas para intercambiar información y advertencias.

Las estafas y las actividades fraudulentas son frecuentes en el mercado de las criptomonedas, dirigidas a personas desprevenidas que buscan oportunidades de inversión o servicios de activos digitales. El conocimiento de las estafas y fraudes comunes es esencial para protegerse de ser víctima de prácticas engañosas. Al llevar a cabo la debida diligencia, tener precaución e implementar medidas de seguridad como credenciales seguras y verificación de sitios web, las personas pueden reducir su vulnerabilidad a las estafas y el fraude.

El ecosistema de las criptomonedas, los organismos reguladores y las partes interesadas de la industria deben colaborar para crear conciencia, mejorar las prácticas de seguridad y establecer mecanismos para informar y combatir las actividades fraudulentas. Al mantenernos informados, adoptar las mejores prácticas y fomentar una cultura de vigilancia, podemos crear colectivamente un entorno más seguro y confiable para los usuarios e inversores de criptomonedas.

CAPÍTULO III

Análisis Fundamental

Introducción al análisis fundamental

El análisis fundamental es una herramienta valiosa para evaluar el valor subyacente y el potencial de las criptomonedas. Si bien la volatilidad de los precios y el sentimiento del mercado a menudo dominan las discusiones en el mundo de las criptomonedas, el análisis fundamental permite a los inversores evaluar los factores fundamentales que impulsan el valor de una criptomoneda. En esta sección, exploraremos el concepto de análisis fundamental en criptomonedas, discutiremos su importancia y examinaremos los factores clave a considerar al realizar un análisis fundamental.

El análisis fundamental implica evaluar el valor intrínseco de un activo en función de sus factores subyacentes, como la tecnología, el equipo, la demanda del mercado y el ecosistema. El objetivo principal del análisis fundamental es evaluar el valor potencial a largo plazo y la viabilidad de una inversión.

El análisis fundamental en criptomonedas abarca varios factores, incluida la tecnología y la innovación detrás del proyecto, la experiencia del equipo, la adopción y los casos de uso del proyecto, el panorama competitivo, las consideraciones regulatorias y las condiciones generales del mercado y la economía.

El análisis fundamental de las criptomonedas comparte similitudes con su homólogo en los mercados financieros tradicionales. Ambos se centran en evaluar el valor intrínseco de un activo, analizar su salud financiera, evaluar las tendencias del mercado y considerar los factores macroeconómicos. Sin embargo, el análisis fundamental en criptomonedas puede requerir ajustes para adaptarse a las características únicas del ecosistema de activos digitales.

Evaluar la innovación tecnológica de un proyecto de criptomoneda es crucial. Los factores a considerar incluyen la tecnología cadena de bloques subyacente del proyecto, la escalabilidad, la seguridad, el mecanismo de consenso, las capacidades de los contratos inteligentes y el potencial para aplicaciones en el mundo real. La evaluación de la hoja de ruta del proyecto y el progreso del desarrollo proporciona información sobre sus perspectivas futuras.

La competencia y la experiencia del equipo detrás de un proyecto de criptomoneda juegan un papel importante en su éxito. Evaluar la experiencia, las cualificaciones, el historial y la capacidad del equipo para ejecutar la visión y la hoja de ruta del proyecto es esencial en el análisis fundamental.

Comprender la demanda del mercado y el potencial de adopción de una criptomoneda es crucial. Los factores a tener en cuenta incluyen el público objetivo, el problema que el proyecto pretende resolver, el tamaño del mercado potencial y el nivel de adopción y asociaciones logradas. El análisis del crecimiento de los usuarios, el volumen de transacciones y la participación de la comunidad proporciona información sobre la demanda del mercado.

Evaluar el panorama competitivo es esencial para comprender el potencial de una criptomoneda. Analice la propuesta de venta única del proyecto, sus características diferenciadoras y cómo se compara con los proyectos de la competencia. Evaluar la cuota de mercado, las fortalezas y debilidades de la competencia y las posibles interrupciones del mercado es fundamental para determinar la viabilidad a largo plazo.

Los factores regulatorios tienen un impacto significativo en el mercado de las criptomonedas. Evaluar el cumplimiento del proyecto con las regulaciones relevantes, su capacidad para adaptarse a los entornos regulatorios cambiantes y el marco legal que rodea a las criptomonedas en diferentes jurisdicciones es esencial para evaluar el riesgo y la sostenibilidad a largo plazo.

Las tendencias y el sentimiento del mercado pueden influir en el valor de las criptomonedas. El análisis de los ciclos del mercado, los movimientos de precios, los volúmenes de negociación y los indicadores de sentimiento puede proporcionar información sobre la dinámica del mercado a corto plazo. Sin embargo, es crucial distinguir entre las fluctuaciones del mercado a corto plazo y el valor fundamental a largo plazo de una criptomoneda.

Los factores macroeconómicos como la inflación, el crecimiento económico, los eventos geopolíticos y las políticas monetarias pueden afectar el mercado de criptomonedas. Comprender cómo interactúan estos factores con las criptomonedas y evaluar los riesgos y oportunidades potenciales es esencial para realizar un análisis fundamental integral.

Analizar los desarrollos de la industria y el ecosistema dentro del espacio de las criptomonedas es crucial. Considere la aparición de nuevas tecnologías, asociaciones, cambios regulatorios y la integración de las criptomonedas en las industrias existentes. Comprender estos desarrollos proporciona información sobre el potencial de crecimiento de criptomonedas específicas.

Las criptomonedas son una clase de activos relativamente nueva, y los datos históricos pueden ser limitados en comparación con los mercados financieros tradicionales. Esto puede dificultar la evaluación de las tendencias a largo plazo y la predicción del rendimiento futuro basándose únicamente en datos históricos.

El mercado de las criptomonedas es muy volátil, está sujeto a cambios repentinos de precios y está influenciado por el sentimiento del mercado. Estos factores pueden complicar la interpretación del análisis fundamental e introducir incertidumbres en los movimientos de precios.

El panorama regulatorio que rodea a las criptomonedas está en constante evolución. Los cambios regulatorios y las incertidumbres legales pueden afectar el valor y la viabilidad de los proyectos de criptomonedas. Evaluar los riesgos regulatorios y mantenerse informado sobre los desarrollos legales es un desafío en el análisis fundamental.

El análisis fundamental es una herramienta valiosa para evaluar el valor subyacente y el potencial de las criptomonedas. Los inversores pueden tomar decisiones más informadas basadas en el valor inherente de las criptomonedas teniendo en cuenta variables como la innovación tecnológica, la competencia del equipo, la demanda del mercado, la competencia y las cuestiones regulatorias. Sin embargo, es esencial reconocer las limitaciones y los desafíos en la realización de análisis fundamentales en el mercado de criptomonedas, incluidos los datos históricos limitados, la volatilidad del mercado y las incertidumbres regulatorias. Al aplicar un enfoque integral y adaptable al análisis fundamental, las personas pueden navegar por el dinámico panorama de las criptomonedas y tomar decisiones de inversión que se alineen con sus objetivos de inversión a largo plazo.

Evaluación de la tecnología y la cadena de bloques subyacente

La tecnología y la infraestructura subyacente de la cadena de bloques son componentes críticos de las criptomonedas. Como activos digitales construidos sobre redes descentralizadas, las criptomonedas se basan en tecnologías robustas e innovadoras para funcionar de manera efectiva y brindar valor a los usuarios. En esta sección, exploraremos el proceso de evaluación de la tecnología y la cadena de bloques subyacente en las criptomonedas, discutiremos las consideraciones clave, evaluaremos la importancia de la tecnología en las decisiones de inversión y exploraremos el impacto de los avances tecnológicos en el ecosistema de las criptomonedas.

La tecnología cadena de bloques constituye la base de las criptomonedas. Es un libro de contabilidad descentralizado e inmutable que registra todas las transacciones e interacciones dentro de una red. Comprender los conceptos básicos de cadena de bloques, incluidos sus mecanismos de consenso, principios criptográficos y arquitectura distribuida, es crucial para evaluar la tecnología en las criptomonedas.

Los mecanismos de consenso garantizan el acuerdo entre los participantes de la red sobre la validez y el orden de las transacciones. Las diferentes criptomonedas emplean varios mecanismos de consenso, como Proof of Work o (PoW), Proof of Stake o (PoS) o Delegated Proof of Stake (DpoS). La evaluación del mecanismo de consenso elegido ayuda a determinar la seguridad, la escalabilidad y la eficiencia de la cadena de bloques subyacente de una criptomoneda.

Los contratos inteligentes son acuerdos autoejecutables codificados en la cadena de bloques. Permiten que las aplicaciones descentralizadas (Dapps) creen y faciliten transacciones e interacciones complejas sin intermediarios. Evaluar la funcionalidad, flexibilidad y seguridad de las capacidades de los contratos inteligentes de una criptomoneda es esencial para evaluar su tecnología.

La escalabilidad es una consideración fundamental a la hora de evaluar la tecnología de las criptomonedas. Se refiere a la capacidad de una red cadena de bloques para manejar volúmenes de transacciones crecientes sin sacrificar el rendimiento. Evaluar la escalabilidad de una criptomoneda implica examinar su rendimiento, los tiempos de confirmación de las transacciones y el potencial de futuras actualizaciones de la red para abordar los desafíos de escalabilidad.

La seguridad es de suma importancia en las criptomonedas. Evaluar las medidas de seguridad implementadas en la tecnología de una criptomoneda es crucial. Esto incluye la evaluación de los algoritmos criptográficos utilizados, el nivel de inmutabilidad proporcionado por la cadena de bloques subyacente y la resistencia de la red a varios vectores de ataque, como el doble gasto, los ataques del 51% o los ataques Sybil.

La interoperabilidad permite que diferentes cadenas de bloques y criptomonedas se comuniquen e interactúen sin problemas. Es esencial evaluar la compatibilidad de una criptomoneda con otras redes y su capacidad para intercambiar activos y datos entre plataformas. Soluciones como los protocolos de interoperabilidad o los puentes entre cadenas pueden mejorar la versatilidad y utilidad de una criptomoneda.

La capacidad de actualizar y evolucionar la tecnología subyacente es esencial para la viabilidad a largo plazo. Evaluar el modelo de gobernanza de la criptomoneda, la hoja de ruta de desarrollo y la participación de la comunidad en la toma de decisiones ayuda a determinar su potencial para los avances tecnológicos y la adaptación a las necesidades futuras.

La tecnología subyacente a una criptomoneda contribuye a su propuesta de valor única y a su diferenciación de otros activos digitales. Evaluar las ventajas tecnológicas de una criptomoneda, como las características de privacidad mejoradas, las soluciones de escalabilidad o los casos de uso innovadores, ayuda a los inversores a comprender su ventaja competitiva potencial y su viabilidad a largo plazo.

La tecnología robusta y una red cadena de bloques segura mejoran la confianza en una criptomoneda. Los inversores buscan garantías de que sus inversiones están protegidas contra brechas de seguridad y vulnerabilidades. Evaluar las medidas de seguridad de una criptomoneda y su capacidad para resistir ataques y hacer frente a las amenazas emergentes es crucial para generar confianza en los inversores.

Los avances tecnológicos impulsan la innovación y la adopción dentro del ecosistema de las criptomonedas. La evaluación de la tecnología de una criptomoneda proporciona información sobre su potencial para revolucionar las industrias, fomentar aplicaciones del mundo real y atraer el interés de usuarios y desarrolladores. Las características innovadoras y la compatibilidad con las tendencias emergentes pueden aumentar la adopción y la demanda del mercado.

Las soluciones de escalabilidad, como los protocolos de capa 2, la fragmentación o las transacciones fuera de la cadena, abordan las limitaciones de escalabilidad de las redes cadena de bloques. Evaluar el desarrollo y la adopción de estas soluciones ayuda a medir el potencial de adopción generalizada y el aumento del rendimiento transaccional en el ecosistema de las criptomonedas.

Las criptomonedas centradas en la privacidad y los avances en las tecnologías de preservación de la privacidad desempeñan un papel crucial a la hora de abordar las preocupaciones sobre la privacidad transaccional y la protección de datos. La evaluación de las características de privacidad y los avances en la tecnología de una criptomoneda proporciona información sobre su potencial para satisfacer la creciente demanda de soluciones orientadas a la privacidad.

La capacidad de comunicarse e intercambiar activos y datos a través de diferentes redes cadena de bloques es vital para la interoperabilidad y conectividad del ecosistema de criptomonedas. Los avances tecnológicos en los protocolos de interoperabilidad y los estándares de comunicación entre cadenas facilitan la integración y la colaboración perfectas entre varias criptomonedas y plataformas.

Evaluar la tecnología y la infraestructura cadena de bloques subyacente es esencial para comprender el potencial y la viabilidad de las criptomonedas. Sobre la base de las cualidades tecnológicas de las criptomonedas, los inversores pueden tomar decisiones informadas evaluando la escalabilidad, la seguridad, la interoperabilidad y el potencial de innovación. La tecnología es crucial para diferenciar las criptomonedas, mejorar la seguridad y la confianza, e impulsar la innovación y la adopción.

A medida que evoluciona el ecosistema de las criptomonedas, los avances tecnológicos, como las soluciones de escalabilidad, las mejoras de privacidad y los protocolos de interoperabilidad, seguirán dando forma al panorama. Al mantenerse informados sobre los desarrollos tecnológicos, los inversores pueden navegar por la naturaleza dinámica de las criptomonedas y participar en el crecimiento de esta tecnología transformadora. Comprender y evaluar la tecnología de las criptomonedas es fundamental para tomar decisiones de inversión alineadas con los objetivos a largo plazo y aprovechar las oportunidades que presenta el ecosistema de activos digitales.

Evaluación de la hoja de ruta del equipo y del proyecto

Su innovación tecnológica o potencial de mercado no determina únicamente el éxito de un proyecto de criptomonedas. El equipo detrás del proyecto y su capacidad para ejecutar la visión juegan un papel vital en su viabilidad a largo plazo. Además, una hoja de ruta del proyecto clara y bien definida proporciona a los inversores información sobre los hitos y objetivos futuros del proyecto. En esta sección, exploraremos el proceso de evaluación del equipo y la hoja de ruta del proyecto en los proyectos de criptomonedas, discutiendo los factores clave a considerar, la importancia de la experiencia del equipo y el papel de una hoja de ruta integral en la toma de decisiones de inversión.

La composición del equipo involucrado en un proyecto de criptomonedas es fundamental. Evaluar los conocimientos, la experiencia y el historial del equipo dentro de la industria de la cadena de bloques y las criptomonedas ayuda a evaluar su capacidad para ejecutar el proyecto de manera efectiva. Los miembros clave del equipo pueden incluir desarrolladores, asesores, especialistas en marketing y estrategas comerciales.

Evaluar la competencia técnica del equipo es esencial, especialmente en proyectos que dependen en gran medida de la innovadora tecnología cadena de bloques. La evaluación de la comprensión del equipo sobre los protocolos de cadena de bloques, el desarrollo de contratos inteligentes, los mecanismos de consenso y la criptografía proporciona información sobre su capacidad para construir un ecosistema sólido y seguro.

La experiencia y las redes de la industria contribuyen a la capacidad del equipo para navegar por las complejidades del panorama de las criptomonedas. Evaluar las conexiones, las asociaciones y los éxitos anteriores del equipo dentro de la industria ayuda a medir su potencial de colaboración, adopción en el mercado y acceso a recursos.

Una hoja de ruta del proyecto bien definida describe de forma clara y transparente los objetivos, los hitos y el cronograma del proyecto. Debe articular la visión del proyecto, las etapas de desarrollo, los principales lanzamientos y los logros previstos. Evaluar la claridad y transparencia de la hoja de ruta del proyecto permite a los inversores evaluar el progreso y la trayectoria futura del proyecto.

Evaluar la viabilidad y el realismo de la hoja de ruta del proyecto es crucial. Considere si los objetivos y plazos establecidos se alinean con las capacidades del equipo y las condiciones del mercado. Los objetivos poco realistas o demasiado ambiciosos pueden plantear preocupaciones sobre la comprensión del equipo de la complejidad del proyecto o su capacidad para cumplir las promesas.

Evaluar el progreso y los logros del desarrollo del proyecto es esencial para evaluar la capacidad de ejecución del equipo. Analice si el proyecto ha alcanzado hitos significativos, ha lanzado prototipos funcionales o versiones de la red principal, y ha cumplido las promesas anteriores descritas en la hoja de ruta.

La interacción de un proyecto con su comunidad indica su transparencia y compromiso con la participación de las partes interesadas. Evalúe la capacidad de respuesta del equipo a los comentarios de la comunidad, su compromiso a través de actualizaciones periódicas y la claridad de la comunicación con respecto a las actualizaciones y los desafíos del proyecto.

La probabilidad de que un proyecto de criptomoneda tenga éxito está muy influenciada por la experiencia y el historial del equipo. Los inversores buscan equipos con competencia demostrada, sólida formación técnica y un historial de cumplimiento de promesas. La evaluación de la experiencia del equipo ayuda a los inversores a evaluar la capacidad de ejecución del proyecto.

La confianza y la credibilidad son esenciales en la industria de las criptomonedas. Evaluar la transparencia del equipo, las conexiones con la industria y los éxitos anteriores genera confianza y mejora la credibilidad del proyecto. Es más probable que los inversores apoyen proyectos dirigidos por equipos de confianza con un historial probado.

La competencia del equipo en la ejecución de la hoja de ruta del proyecto es crucial para mitigar los riesgos de ejecución. La evaluación de los conocimientos técnicos, la experiencia y el compromiso con los plazos del equipo ayuda a los inversores a identificar los riesgos potenciales y evaluar la probabilidad de que el proyecto se complete con éxito.

La evaluación de la hoja de ruta del proyecto permite a los inversores evaluar la viabilidad y el potencial a largo plazo del proyecto de criptomoneda. Una hoja de ruta completa proporciona información sobre la visión estratégica del equipo, las funciones planificadas, la expansión del mercado y los desarrollos futuros. Ayuda a los inversores a comprender cómo el proyecto pretende evolucionar y competir en el panorama de las criptomonedas en constante cambio.

Evaluar el equipo y la hoja de ruta del proyecto es esencial para tomar decisiones de inversión informadas en criptomonedas. Un equipo competente con la experiencia pertinente aumenta la probabilidad de éxito en la ejecución del proyecto. A la hora de evaluar las capacidades del equipo, los inversores deben tener en cuenta factores como la composición del equipo, la competencia técnica y la experiencia en el sector.

Una hoja de ruta del proyecto bien definida proporciona claridad, transparencia y viabilidad. Permite a los inversores evaluar el progreso del proyecto, anticipar hitos futuros y medir su potencial a largo plazo. La hoja de ruta debe alinearse con las capacidades del equipo y proporcionar objetivos realistas.

El equipo y la hoja de ruta del proyecto juegan un papel importante en el establecimiento de confianza y credibilidad. Los inversores buscan equipos con un historial probado y prácticas de comunicación transparentes. La capacidad del equipo para ejecutar la hoja de ruta mitiga los riesgos de ejecución y contribuye a la viabilidad del proyecto.

En la industria de las criptomonedas, dinámica y en rápida evolución, el equipo y la hoja de ruta del proyecto son consideraciones cruciales para los inversores. Al evaluar cuidadosamente estos factores, los inversores pueden tomar decisiones más informadas, identificar proyectos con un fuerte potencial de ejecución y alinear sus inversiones con proyectos que tienen una visión clara del éxito a largo plazo.

Análisis de la demanda y la competencia del mercado

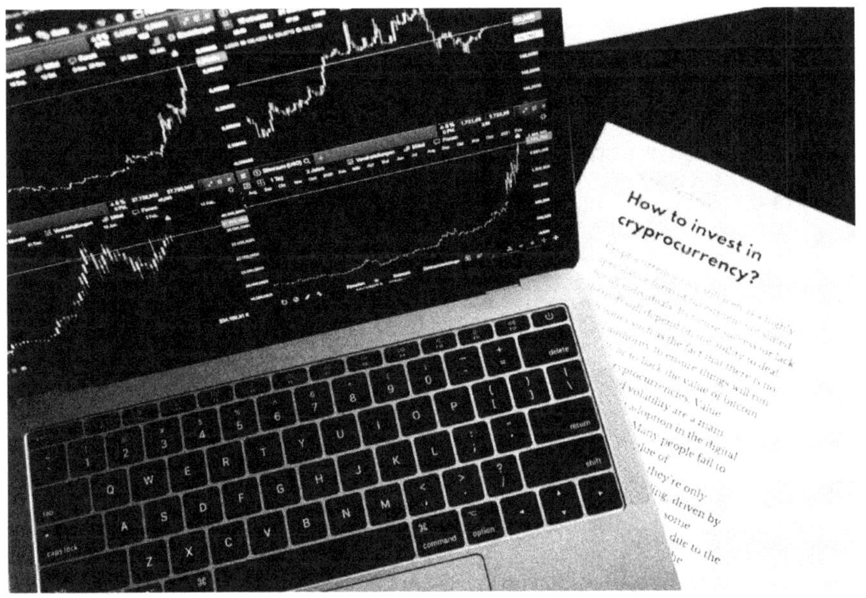

El mercado de las criptomonedas es un panorama dinámico y competitivo influenciado por la demanda del mercado y los factores de competencia. Comprender la demanda del mercado de una criptomoneda y analizar su panorama competitivo son pasos esenciales para evaluar el éxito potencial y la viabilidad a largo plazo de una inversión. En esta sección, exploraremos el proceso de análisis de la demanda del mercado y la competencia en criptomonedas, discutiendo los factores clave a considerar, la importancia del análisis de mercado y el impacto de la competencia en las decisiones de inversión.

Evaluar la demanda del mercado de una criptomoneda implica comprender a su público objetivo. Identificar el grupo demográfico, la industria o el caso de uso específico al que pretende servir la criptomoneda ayuda a evaluar el tamaño potencial y el crecimiento del mercado.

Las criptomonedas ganan terreno cuando resuelven problemas del mundo real u ofrecen casos de uso únicos. Analizar la situación que aborda un proyecto de criptomonedas y evaluar su impacto potencial en individuos o industrias proporciona información sobre la demanda del mercado de criptomonedas.

Evaluar el nivel de adopción de una criptomoneda y el crecimiento de usuarios es crucial para comprender la demanda del mercado. Factores como el número de monederos activos, el volumen de transacciones, la participación de los usuarios y el crecimiento de la comunidad ayudan a medir la aceptación y la popularidad de la criptomoneda entre los usuarios.

Identificar a los competidores en el mercado de las criptomonedas es esencial. Evalúe otras criptomonedas o proyectos de cadena de bloques que se dirijan a mercados similares, aborden casos de uso similares o tengan características superpuestas. El análisis de las fortalezas, debilidades y posiciones de mercado de los competidores proporciona información sobre el panorama competitivo.

Es crucial comprender la propuesta de venta única (USP) de una criptomoneda y cómo se diferencia de la competencia. Evalúe las características, la tecnología, las asociaciones, la marca o el apoyo de la comunidad de la criptomoneda que la diferencian de otras en el mercado. La diferenciación puede crear una ventaja competitiva y atraer a usuarios e inversores.

La evaluación de la cuota de mercado y la adopción de los competidores proporciona información sobre su éxito y la demanda potencial del mercado. Analice factores como el número de usuarios activos, los volúmenes de transacciones, las asociaciones con empresas o la integración en plataformas existentes para comprender el nivel de adopción y el alcance del mercado de los competidores.

Analizar las fortalezas y debilidades de los competidores ayuda a evaluar su impacto potencial en el mercado. Evalúe la experiencia del equipo, la innovación tecnológica, el apoyo a la comunidad, las estrategias de marketing y el cumplimiento normativo. Comprender el panorama competitivo permite a los inversores identificar posibles amenazas y oportunidades.

El análisis de la demanda y la competencia del mercado valida el crecimiento potencial y la adopción de una criptomoneda. Los inversores buscan proyectos que aborden las necesidades del mercado y que tengan el potencial de una adopción generalizada. Evaluar la demanda y la competencia del mercado ayuda a medir el potencial de crecimiento de una criptomoneda y su potencial para generar rendimientos.

La evaluación de la demanda y la competencia del mercado ayuda a identificar riesgos y oportunidades potenciales. Comprender la saturación del mercado, la presencia de competidores dominantes o las tendencias emergentes permite a los inversores evaluar los riesgos asociados con la entrada en el mercado. Por el contrario, la identificación de mercados desatendidos o potenciales sin explotar ofrece oportunidades para inversiones con altas perspectivas de crecimiento.

La demanda del mercado y el análisis de la competencia ayudan a los inversores a evaluar el ajuste entre un proyecto de criptomoneda y el mercado objetivo. Comprender si la criptomoneda aborda una necesidad real, tiene una ventaja competitiva u ofrece características únicas ayuda a los inversores a medir su potencial de éxito en el mercado.

El análisis de la demanda y la competencia del mercado permite a los inversores evaluar la diferenciación y la propuesta de valor de una criptomoneda. Los proyectos con una USP clara y una diferenciación efectiva de los competidores tienen más probabilidades de atraer usuarios y generar valor a largo plazo. La diferenciación mejora la ventaja competitiva de una criptomoneda y puede contribuir a su éxito sostenido.

Analizar la demanda y la competencia del mercado es crucial para evaluar el éxito potencial y la viabilidad a largo plazo de la inversión en criptomonedas. Comprender la demanda del mercado ayuda a los inversores a evaluar el tamaño, el potencial de crecimiento y la adopción de un proyecto de criptomonedas. El análisis del panorama competitivo proporciona información sobre la saturación del mercado, la diferenciación y los posibles riesgos y oportunidades.

La demanda del mercado y el análisis de la competencia juegan un papel importante en las decisiones de inversión. Los inversores buscan proyectos que aborden las necesidades del mercado, ofrezcan propuestas de valor únicas y tengan el potencial de una adopción generalizada. La evaluación del ajuste al mercado, la identificación de riesgos y oportunidades, y la comprensión de la diferenciación son esenciales para tomar decisiones de inversión informadas.

En el competitivo panorama de las criptomonedas, la demanda del mercado y el análisis de la competencia permiten a los inversores identificar proyectos con sólidas perspectivas de crecimiento y sostenibilidad a largo plazo. Al evaluar cuidadosamente la demanda del mercado, identificar a los competidores y comprender la diferenciación, los inversores pueden alinear sus inversiones con proyectos que tienen el potencial de prosperar y generar rendimientos en el mercado de criptomonedas en evolución.

Comprender la tokenómica y la utilidad

La tokenómica, la economía de las criptomonedas, desempeña un papel crucial en la configuración del valor, la utilidad y la sostenibilidad de los activos digitales. La tokenómica abarca el diseño y la implementación del token de una criptomoneda, la distribución, la circulación y los incentivos que proporciona a los participantes dentro del ecosistema. En esta sección, exploraremos el concepto de tokenomics y utilidad en criptomonedas, discutiendo los componentes clave, la importancia de tokenomics en las decisiones de inversión y el impacto de la utilidad en el éxito de un proyecto de criptomonedas.

Las criptomonedas utilizan varios tipos de tokens, cada uno de los cuales cumple funciones específicas dentro de sus respectivos ecosistemas. Entre los tipos de tokens más comunes se incluyen los tokens de utilidad, los tokens de seguridad y los tokens de gobernanza. Comprender las características y los propósitos de los diferentes tipos de tokens es esencial para comprender la tokenómica.

La distribución de tokens se refiere a la asignación inicial y posterior circulación de tokens. Analizar el modelo de distribución, ya sea a través de ofertas iniciales de monedas (ICO), lanzamientos aéreos o minería, ayuda a evaluar la equidad y la descentralización del proyecto de criptomonedas. La dinámica de suministro de tokens, como la inflación, la deflación o la quema de tokens, afecta a la escasez y el valor del token.

La utilidad del token define el papel y el valor del token dentro del ecosistema de criptomonedas. Los tokens de utilidad a menudo sirven como medio de intercambio, otorgando acceso a servicios, productos o funcionalidades del ecosistema. Evaluar la utilidad y funcionalidad de un token ayuda a evaluar su potencial de adopción y valor a largo plazo.

La tokenómica juega un papel crucial en la determinación de la propuesta de valor de una criptomoneda. La escasez de tokens, impulsada por el modelo de distribución y la dinámica de suministro de tokens, afecta a su valor percibido y a su potencial de revalorización de precios. Los inversores buscan proyectos con una oferta limitada de tokens, una fuerte demanda y una tokenómica bien diseñada que se alinee con la creación de valor a largo plazo.

El análisis de la economía de los tokens ayuda a los inversores a comprender cómo está diseñado el ecosistema de las criptomonedas para incentivar la participación e impulsar los efectos de red. Los tokens con tokenómica bien diseñada pueden fomentar la participación de los usuarios, atraer a los desarrolladores y fomentar un ecosistema vibrante. Los efectos de red amplifican el valor y la utilidad del token a lo largo del tiempo.

Los tokens de gobernanza permiten a los titulares participar en los procesos de toma de decisiones dentro del ecosistema de las criptomonedas. Evaluar el modelo de gobernanza y el poder de voto de los poseedores de tokens ayuda a los inversores a evaluar la descentralización del proyecto, la participación de la comunidad y el potencial de autogobierno. Unos mecanismos de gobernanza sólidos contribuyen a la sostenibilidad y resiliencia de un proyecto.

La utilidad es un aspecto fundamental de los proyectos de criptomonedas. Los tokens con una gran utilidad tienen un propósito dentro de sus respectivos ecosistemas, permitiendo el acceso a servicios, incentivando comportamientos específicos o facilitando transacciones. Evaluar la utilidad del token de una criptomoneda ayuda a evaluar su potencial de adopción, demanda y viabilidad a largo plazo.

La presencia de casos de uso prácticos impulsa la adopción y el valor de una criptomoneda. El análisis de los casos de uso de la criptomoneda, la relevancia para los problemas del mundo real y el potencial para alterar las industrias existentes o permitir aplicaciones novedosas proporciona información sobre su utilidad. Cuanto más amplia sea la adopción de la criptomoneda, más utilidad ofrecerá a sus usuarios.

Los tokens a menudo sirven como incentivos y recompensas dentro de los ecosistemas de criptomonedas. Se pueden utilizar para incentivar comportamientos específicos, fomentar la participación o recompensar a los contribuyentes al ecosistema. La evaluación de la eficacia de los incentivos simbólicos ayuda a evaluar la capacidad del proyecto para atraer y retener a los participantes.

Comprender la tokenómica y la utilidad es esencial para comprender el valor, la adopción y la sostenibilidad a largo plazo de las criptomonedas. La tokenómica abarca el diseño y la implementación del token de una criptomoneda, incluida su distribución, circulación y utilidad dentro del ecosistema. La tokenómica influye en las decisiones de inversión, ya que define la propuesta de valor de un proyecto, la escasez de tokens y los mecanismos de gobernanza.

La utilidad del token, por otro lado, define el uso práctico y la funcionalidad del token dentro del ecosistema de la criptomoneda. Los tokens con una gran utilidad tienen aplicaciones en el mundo real, sirven como medio de intercambio, incentivan la participación y fomentan los efectos de red.

La tokenómica y la utilidad juegan un papel crucial en las decisiones de inversión. Los inversores buscan proyectos con tokenómica bien diseñada, suministro limitado de tokens y una fuerte utilidad que se alinee con la creación de valor a largo plazo. Además, los proyectos impulsados por empresas de servicios públicos con casos de uso prácticos y adopción generalizada tienen un mayor potencial de éxito.

Al comprender y evaluar la tokenómica y la utilidad, los inversores pueden tomar decisiones informadas, identificar proyectos con sólidas perspectivas de crecimiento y alinear sus inversiones con criptomonedas que ofrecen un valor tangible y sostenibilidad a largo plazo dentro del ecosistema de criptomonedas en evolución.

CAPÍTULO IV

Análisis Técnico

Introducción al análisis técnico

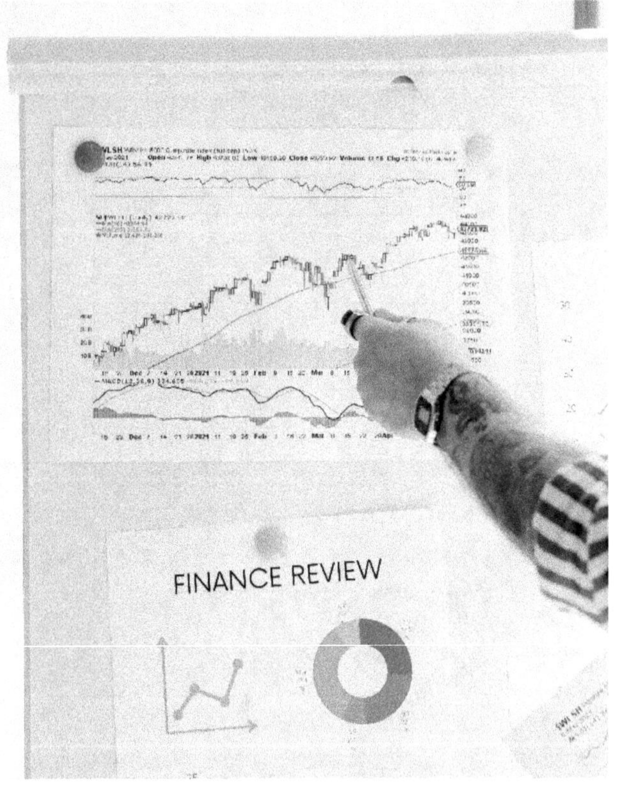

El análisis técnico es una poderosa herramienta que se utiliza para analizar los patrones de precios, las tendencias del mercado y los volúmenes de negociación en el mercado de criptomonedas. Mediante el estudio de los datos históricos de precios y el uso de diversos indicadores técnicos, los traders e inversores pueden tomar decisiones informadas sobre la compra, venta o tenencia de criptomonedas. En esta sección, profundizaremos en el concepto de análisis técnico en criptomonedas, exploraremos sus principios y métodos, discutiremos su importancia en la toma de decisiones de inversión y destacaremos sus beneficios y limitaciones.

El análisis técnico implica el análisis de datos históricos de precios y estadísticas de mercado para identificar patrones, tendencias y posibles movimientos futuros de precios. Su objetivo principal es pronosticar la dirección futura de los precios y tomar decisiones comerciales basadas en el comportamiento histórico del mercado.

Los gráficos de precios son una herramienta fundamental en el análisis técnico. Representan visualmente los movimientos históricos de precios de una criptomoneda en diferentes períodos de tiempo, como minutos, horas, días o meses. El análisis de diferentes patrones de gráficos y marcos temporales ayuda a identificar tendencias y patrones que pueden guiar las decisiones de trading.

El análisis técnico utiliza varios indicadores, cálculos matemáticos y herramientas estadísticas para generar señales e información. Estos indicadores incluyen las medias móviles, el índice de fuerza relativa, la divergencia de convergencia de las medias móviles y las bandas de Bollinger. Cada indicador proporciona información diferente sobre el sentimiento del mercado, el impulso y las posibles reversiones de precios.

Un componente clave del análisis técnico es el análisis de tendencias.

 Implica identificar la dirección de la tendencia del mercado, ya sea alcista (alcista), bajista (bajista) o de rango limitado (lateral). Las medias móviles, las líneas de tendencia y los niveles de soporte y resistencia se utilizan con frecuencia para reconocer y validar las tendencias.

Los patrones gráficos son formaciones específicas en los gráficos de precios que proporcionan información sobre posibles movimientos futuros de precios. Algunos ejemplos de patrones gráficos son la cabeza y los hombros, los dobles techos y los mínimos, los triángulos y las banderas. Al reconocer estos patrones, los traders pueden anticipar rupturas de precios, reversiones o patrones de continuación.

Los niveles de precios clave en los que se prevé que la presión de compra o venta sea considerable se conocen como niveles de soporte y resistencia. Los niveles de soporte son niveles de precios en los que el interés de compra supera la presión de venta, lo que puede provocar reversiones o rebotes de precios. Por otro lado, los niveles de resistencia son niveles de precios en los que el interés de venta supera la presión de compra, lo que puede provocar retrocesos o reversiones de precios.

El análisis de volumen examina el volumen de operaciones que acompaña a los movimientos de precios. Los cambios en el volumen pueden indicar la fortaleza del mercado, confirmar las tendencias de los precios o advertir de posibles reversiones. Un volumen alto durante las rupturas o rupturas de precios puede sugerir la fuerza de una tendencia, mientras que un volumen bajo durante las consolidaciones puede indicar una falta de interés en el mercado.

El análisis técnico ayuda a los inversores a identificar puntos de entrada y salida favorables para sus operaciones de criptomonedas. Los operadores pueden determinar los momentos óptimos para comprar o vender criptomonedas en función de los posibles movimientos de precios mediante el análisis de los patrones de precios y el uso de indicadores técnicos.

El análisis técnico ayuda a gestionar el riesgo de inversión mediante el establecimiento de órdenes de stop-loss y objetivos de beneficios. Al colocar órdenes de stop-loss en los niveles apropiados en función de los niveles de soporte y resistencia o las líneas de tendencia, los traders pueden limitar las pérdidas potenciales si el mercado se mueve en contra de sus posiciones. El análisis técnico también ayuda a identificar objetivos de beneficios al destacar las áreas de posible resistencia a los precios o las zonas de toma de beneficios.

El análisis técnico puede complementar el análisis fundamental proporcionando información adicional y confirmando las decisiones de inversión. El análisis fundamental examina la viabilidad del proyecto, la experiencia del equipo y la demanda del mercado, mientras que el análisis técnico se centra en los movimientos y tendencias de los precios. Cuando el análisis fundamental se alinea con indicadores técnicos positivos, puede proporcionar una mayor confianza en las decisiones de inversión.

El análisis técnico es particularmente útil para estrategias de trading a corto plazo como el day trading o el swing trading. Los traders pueden explotar la volatilidad de los precios y capturar oportunidades de ganancias a corto plazo analizando los patrones, tendencias e indicadores de precios a corto plazo.

El análisis técnico proporciona varios beneficios a los comerciantes e inversores de criptomonedas. Ofrece un enfoque sistemático y estructurado para analizar los movimientos de precios, lo que permite a los operadores tomar decisiones informadas basadas en el comportamiento histórico del mercado. Ayuda a identificar los puntos de entrada y salida, gestionar el riesgo y confirmar las decisiones de inversión. Además, los traders utilizan ampliamente el análisis técnico, creando una comprensión compartida de la dinámica del mercado y potencialmente conduciendo a profecías autocumplidas.

Si bien el análisis técnico tiene sus méritos, tiene limitaciones. El análisis técnico se basa únicamente en datos históricos de precios y estadísticas de mercado, excluyendo los factores fundamentales que pueden influir en los movimientos de precios. No tiene en cuenta eventos inesperados o noticias del mercado que puedan afectar significativamente el mercado de criptomonedas. Además, el análisis técnico requiere interpretación, y diferentes analistas pueden llegar a conclusiones diferentes al analizar los mismos datos.

El análisis técnico es una herramienta valiosa para comprender los patrones de precios, las tendencias y el sentimiento del mercado en el mercado de criptomonedas. Mediante el estudio de los datos históricos de precios y el uso de diversos indicadores técnicos, los traders e inversores pueden tomar decisiones informadas sobre la compra, venta o tenencia de criptomonedas. El análisis técnico complementa el análisis fundamental, ayuda a identificar los puntos de entrada y salida, gestiona el riesgo y confirma las decisiones de inversión. Aunque tiene sus limitaciones, el análisis técnico ofrece un método estructurado para comprender la dinámica del mercado y es crucial para la toma de decisiones de los comerciantes e inversores de criptomonedas.

Indicadores técnicos clave y patrones gráficos

El análisis técnico se basa en gran medida en patrones gráficos e indicadores técnicos para analizar los cambios de precios, identificar tendencias y tomar decisiones comerciales acertadas en el mercado de criptomonedas. Estas herramientas ayudan a los traders e inversores a analizar los datos históricos de precios y proporcionan información sobre los posibles movimientos futuros de los precios. Esta sección explorará los indicadores técnicos clave y los patrones gráficos comúnmente utilizados en el comercio de criptomonedas, discutirá su interpretación y significado, y destacará su papel en la configuración de las estrategias de inversión.

Las medias móviles son indicadores ampliamente utilizados que suavizan los datos de precios para identificar tendencias. La media móvil simple (SMA) y también la media móvil exponencial (EMA) son tipos comunes de medias móviles. Proporcionan información sobre la dirección general de la tendencia, los niveles de soporte y resistencia, y los posibles puntos de entrada o salida.

El índice de fuerza relativa (RSI) determina si un activo está sobrecomprado o sobrevendido midiendo el tamaño y la tasa de fluctuaciones de precios. El RSI ayuda a identificar posibles reversiones de precios o patrones de continuación, proporcionando información sobre la fortaleza o debilidad subyacente del movimiento de precios de una criptomoneda.

La Divergencia de Convergencia de Medias Móviles, también conocida como MACD, es un indicador de impulso popular que ayuda a identificar cambios de tendencia, cruces alcistas o bajistas y posibles oportunidades de compra o venta. Consta de dos medias móviles: el MACD y las líneas de señal. Los cruces y divergencias entre estas líneas proporcionan señales de posibles cambios de tendencia.

Las Bandas de Bollinger comprenden una media móvil, una banda superior y una banda inferior. Estas bandas representan niveles de volatilidad en torno a la media móvil. Las Bandas de Bollinger ayudan a identificar la volatilidad de los precios, las posibles rupturas y los períodos de consolidación. Cuando el precio se acerca a las bandas exteriores, puede indicar condiciones de sobrecompra o sobreventa.

Un posible cambio de tendencia se indica mediante el patrón Head and Shoulders, que es un patrón de reversión. Consiste en un pico (la cabeza) flanqueado por dos picos más pequeños (los hombros). Cuando el precio rompe por debajo de la línea del cuello, sugiere un cambio de tendencia bajista, y cuando rompe por encima, indica un cambio alcista.

Los dobles techos y mínimos son patrones de reversión que indican un posible cambio de tendencia. Un doble techo se forma cuando el precio alcanza un nivel de resistencia dos veces sin romperlo. Por el contrario, se forma un doble suelo cuando el precio alcanza un nivel de soporte dos veces sin romper por debajo de él. Estos patrones pueden indicar posibles cambios de tendencia.

Los triángulos son patrones de continuación que sugieren una consolidación temporal antes de una ruptura del precio. Los tres tipos comunes de triángulos son los triángulos ascendentes, descendentes y simétricos. Los triángulos ascendentes indican una continuación alcista, los triángulos descendentes sugieren una continuación bajista y los triángulos simétricos implican una posible ruptura en cualquier dirección.

Los banderines y las banderas son patrones de continuación a corto plazo que se producen después de un fuerte movimiento de precios. Un patrón de bandera se asemeja a una forma rectangular, mientras que un patrón de banderín forma un triángulo simétrico. Estos patrones indican una pausa temporal en el movimiento del precio antes de que continúe en la misma dirección que la tendencia anterior.

Los indicadores técnicos y los patrones gráficos ayudan a los traders a identificar la fuerza de una tendencia. Los indicadores como las medias móviles, el MACD y el RSI proporcionan información sobre el impulso, la fuerza y el agotamiento potencial de una tendencia. Los patrones gráficos, como los dobles techos o los triángulos, también ofrecen pistas sobre la fuerza de la tendencia predominante.

Los indicadores técnicos y los patrones gráficos ayudan a los operadores a determinar los puntos óptimos de entrada y salida. Indicadores como el cruce de medias móviles, el RSI que alcanza niveles extremos o los cruces de MACD pueden indicar posibles oportunidades de compra o venta. Los patrones gráficos, como las rupturas o los cambios de tendencia, proporcionan orientación sobre cuándo entrar o salir de una operación.

Los indicadores técnicos y los patrones gráficos pueden confirmar la acción del precio y validar las decisiones comerciales. Por ejemplo, un patrón gráfico alcista combinado con una divergencia positiva en el RSI puede aumentar la confianza en una operación alcista. Confirmar la acción del precio con indicadores técnicos añade convicción a las estrategias de trading.

Los indicadores técnicos y los patrones gráficos se utilizan comúnmente en las estrategias de trading a corto plazo. Los traders confían en indicadores como el RSI, el MACD o las Bandas de Bollinger para identificar los movimientos de precios a corto plazo, las condiciones de sobrecompra o sobreventa y los posibles puntos de entrada o salida para obtener rápidamente oportunidades de toma de beneficios.

Los swing traders se centran en capturar las oscilaciones de precios a medio plazo dentro de una tendencia. Los indicadores técnicos, como las medias móviles o el MACD, ayudan a identificar la dirección de la tendencia y los posibles puntos de entrada o salida. Los patrones gráficos, como los dobles techos o las banderas, ayudan a determinar los cambios de tendencia o los patrones de continuación para las estrategias de swing trading.

Las decisiones de inversión a largo plazo pueden apoyarse en el uso de indicadores técnicos y patrones gráficos. Las medias móviles y las líneas de tendencia ayudan a identificar las tendencias a largo plazo, mientras que los patrones gráficos proporcionan información sobre posibles cambios de tendencia o patrones de continuación. Los inversores pueden utilizar estas herramientas para determinar los puntos de entrada o salida de las posiciones de inversión a largo plazo.

Los indicadores técnicos y los patrones gráficos son herramientas esenciales en el análisis técnico, ya que permiten a los operadores e inversores analizar los movimientos de precios, identificar tendencias y tomar decisiones comerciales informadas en el mercado de criptomonedas. Los indicadores como las medias móviles, el RSI, el MACD y las Bandas de Bollinger proporcionan información sobre la dirección de la tendencia, el impulso y las posibles reversiones. Los patrones gráficos, como el patrón de cabeza y hombros, los dobles techos, los triángulos y las banderas, pueden proporcionar información sobre posibles cambios o continuaciones de tendencias. Estas herramientas ayudan a los traders a identificar la fuerza de la tendencia, determinar los puntos de entrada y salida y confirmar la acción del precio. Ya sea para el trading a corto plazo, el swing trading o la inversión a largo plazo, los indicadores técnicos y los patrones gráficos son cruciales para dar forma a las estrategias de inversión y mejorar la toma de decisiones en el dinámico mercado de las criptomonedas.

Lectura e interpretación de gráficos de precios

Los gráficos de precios son herramientas valiosas que se utilizan en el análisis técnico para analizar los datos históricos de precios y obtener información sobre las tendencias del mercado, los patrones y los posibles movimientos futuros de los precios en el mercado de criptomonedas. La lectura e interpretación de los gráficos de precios permite a los traders e inversores tomar decisiones informadas sobre la compra, venta o tenencia de criptomonedas. En esta sección, exploraremos el proceso de lectura e interpretación de los gráficos de precios en criptomonedas, discutiremos los elementos clave de los gráficos de precios, profundizaremos en los diferentes tipos de gráficos y marcos temporales, y destacaremos su importancia en la toma de decisiones.

Los gráficos de precios contienen varios elementos que proporcionan información esencial a los traders e inversores. Estos elementos incluyen el eje de precios, el eje de tiempo, la representación de velas o líneas, y varias herramientas de gráficos como líneas de tendencia, niveles de soporte y resistencia e indicadores técnicos.

Los gráficos de velas son ampliamente utilizados en el comercio de criptomonedas. Cada vela representa un período de tiempo específico y proporciona información sobre los precios de apertura, cierre, máximo y mínimo dentro de ese período. El análisis de los patrones de velas ayuda a identificar tendencias, reversiones y sentimiento potencial del mercado.

Los gráficos de líneas representan los movimientos de precios, trazando una línea que conecta los precios de cierre a lo largo del tiempo. Los gráficos de líneas proporcionan una amplia visión general de la tendencia de los precios y son útiles para identificar patrones y tendencias a largo plazo.

Los gráficos de precios ofrecen varios marcos temporales, que van desde minutos hasta meses o incluso años. Los marcos temporales más cortos, como los gráficos de uno o cinco minutos, proporcionan información más detallada sobre los movimientos de precios a corto plazo, mientras que los marcos temporales más largos, como los gráficos diarios o semanales, ofrecen una perspectiva más amplia de las tendencias a largo plazo.

El análisis de tendencias es un aspecto fundamental de la interpretación de los gráficos de precios. Los traders e inversores buscan identificar y seguir las tendencias, que pueden ser alcistas (alcistas), bajistas (bajistas) o de rango limitado (laterales). Las líneas de tendencia, las medias móviles y los patrones gráficos ayudan a identificar y confirmar las tendencias.

Los niveles de precios significativos, conocidos como niveles de soporte y resistencia, con frecuencia atraen presión de compra o venta. Los niveles de soporte actúan como un suelo para los precios, evitando que sigan cayendo, mientras que los niveles de resistencia actúan como un techo, limitando el movimiento alcista de los precios. La identificación de los niveles de soporte y resistencia ayuda a determinar los posibles puntos de entrada o salida.

Los patrones gráficos proporcionan información sobre los posibles movimientos de precios y los cambios de tendencia. Algunos ejemplos de patrones gráficos son la cabeza y los hombros, los dobles techos y los mínimos, los triángulos y las banderas. El análisis de estos patrones ayuda a los traders a anticipar posibles rupturas, reversiones o patrones de continuación.

El análisis de volumen implica evaluar el volumen de operaciones que acompaña a los movimientos de precios. El análisis del volumen puede indicar la fortaleza del mercado, confirmar tendencias o advertir de posibles reversiones. Un volumen más alto durante las rupturas o rupturas de precios sugiere la fuerza de una tendencia, mientras que un volumen más bajo durante las consolidaciones puede indicar una falta de interés del mercado.

Las medias móviles son indicadores técnicos populares que suavizan los datos de precios e identifican tendencias. La media móvil simple (SMA) y la media móvil exponencial (EMA) son tipos de medias móviles de uso común. Ayudan a los traders a identificar las direcciones de las tendencias, los niveles de soporte y resistencia, y los posibles puntos de entrada o salida.

Un oscilador llamado Índice de Fuerza Relativa (RSI) mide el tamaño y la tasa de las fluctuaciones de precios. Con esta información, los traders pueden identificar probables reversiones de precios o patrones de continuación determinando si un activo está sobrecomprado o sobrevendido.

MACD (Moving Average Convergence Divergence) es un indicador versátil que combina medias móviles para identificar posibles cambios de tendencia, cruces alcistas o bajistas y oportunidades de compra o venta. Ayuda a los traders a identificar el impulso y los posibles puntos de entrada o salida.

Una media móvil, una banda inferior y una banda superior forman las Bandas de Bollinger. Estas bandas representan niveles de volatilidad en torno a la media móvil. Las Bandas de Bollinger ayudan a los traders a identificar la volatilidad de los precios, las posibles rupturas y los periodos de consolidación.

La lectura e interpretación de los gráficos de precios ayuda a identificar y confirmar tendencias. Los traders e inversores pueden seguir la tendencia predominante y ajustar sus estrategias en consecuencia. Las medias móviles, los patrones gráficos y los niveles de soporte y resistencia ofrecen datos útiles para identificar y confirmar tendencias.

Los gráficos de precios ayudan a determinar los puntos óptimos de entrada y salida para las posiciones comerciales. Los traders analizan los patrones de los gráficos, identifican los niveles de soporte y resistencia, y utilizan indicadores técnicos para determinar los puntos de entrada favorables para la compra o venta de criptomonedas. También pueden identificar posibles puntos de salida para asegurar las ganancias o limitar las pérdidas.

La interpretación de los gráficos de precios desempeña un papel crucial en la gestión de los riesgos de inversión. Al identificar los niveles de soporte y resistencia, los traders pueden establecer órdenes de stop-loss para limitar las pérdidas potenciales si el mercado se mueve en contra de sus posiciones. El análisis de gráficos de precios ayuda a los traders a determinar las relaciones riesgo-recompensa y a tomar decisiones informadas.

Los gráficos de precios proporcionan información sobre el sentimiento y el momento del mercado. El análisis de los patrones gráficos y los indicadores técnicos ayuda a los operadores a comprender la psicología y el sentimiento del mercado, lo que les permite tomar decisiones de trading en el momento oportuno y alineadas con las condiciones imperantes en el mercado.

Operar e invertir en el mercado de criptomonedas requiere la capacidad de leer e interpretar gráficos de precios. Los gráficos de precios proporcionan información valiosa sobre las tendencias, los niveles de soporte y resistencia, los patrones de los gráficos y el sentimiento del mercado. Al comprender los elementos del gráfico de precios, interpretar las representaciones de velas o líneas y utilizar indicadores técnicos y osciladores, los operadores pueden tomar decisiones informadas con respecto a los puntos de entrada y salida, la gestión del riesgo y el tiempo. El análisis de gráficos de precios mejora los procesos de toma de decisiones, lo que permite a los operadores navegar por el mercado de criptomonedas de manera más efectiva y mejorar la probabilidad de operaciones e inversiones exitosas.

Cronometría de puntos de entrada y salida mediante análisis técnico

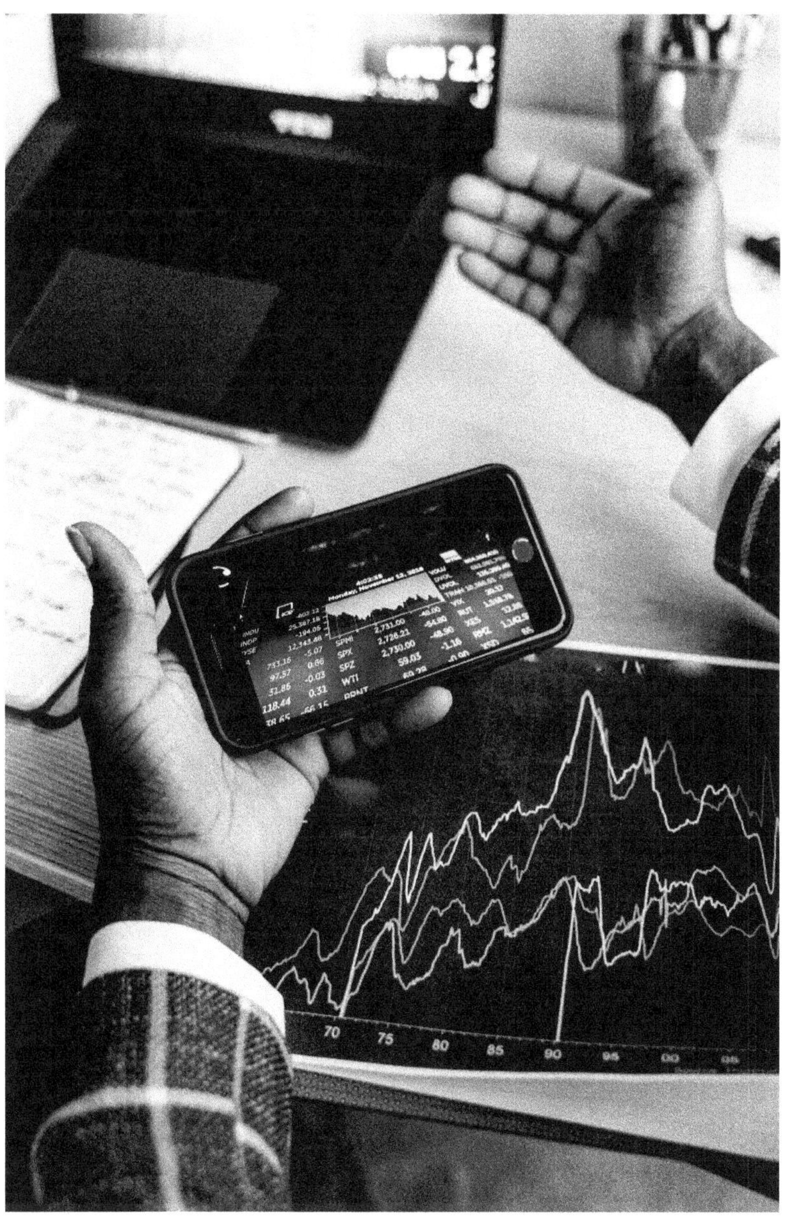

Cronometrar los puntos de entrada y salida es fundamental para el éxito de las estrategias de trading e inversión en el mercado de criptomonedas. El análisis técnico proporciona a los traders e inversores herramientas y técnicas para identificar los momentos óptimos para entrar o salir de las posiciones. El análisis técnico permite a los participantes del mercado tomar decisiones informadas basadas en el comportamiento histórico del mercado mediante el análisis de patrones de precios, indicadores y tendencias del mercado. En esta sección, exploraremos el proceso de cronometrar los puntos de entrada y salida utilizando el análisis técnico en el comercio de criptomonedas, discutiremos los factores clave a considerar, profundizaremos en varios indicadores y estrategias técnicas y destacaremos su importancia para lograr resultados rentables.

Sincronizar los puntos de entrada y salida de manera efectiva es crucial debido a la eficiencia y volatilidad del mercado de criptomonedas. Los movimientos rápidos de los precios y la posibilidad de ganancias o pérdidas significativas requieren una sincronización cuidadosa para maximizar las ganancias y minimizar los riesgos.

El mercado de criptomonedas presenta numerosas oportunidades para los traders e inversores, incluidas las fluctuaciones de precios a corto plazo, los cambios de tendencia y los ciclos del mercado. El tiempo de los puntos de entrada y salida permite a los participantes del mercado capitalizar estas oportunidades y optimizar sus rendimientos.

El tiempo efectivo reducir la exposición al riesgo en el trading y la inversión. Al entrar en posiciones en momentos favorables y salir antes de posibles recesiones, los traders pueden limitar las pérdidas potenciales y proteger su capital. El tiempo también ayuda a implementar órdenes de stop-loss y estrategias de toma de ganancias.

Identificar y analizar las tendencias del mercado es fundamental para cronometrar los puntos de entrada y salida. El análisis de tendencias ayuda a determinar la dirección predominante del mercado y proporciona información sobre posibles oportunidades de entrada o salida. Los traders pueden utilizar líneas de tendencia, medias móviles y patrones gráficos para confirmar tendencias y tomar decisiones informadas.

Los niveles de precios clave en los que existe una presión considerable de compra o venta se denominan niveles de soporte y resistencia. El análisis de estos niveles ayuda a los traders a identificar posibles puntos de entrada o salida. Cuando el precio se acerca a los niveles de soporte, puede indicar oportunidades de compra, mientras que los niveles de resistencia pueden indicar posibles oportunidades de venta o toma de ganancias.

Los indicadores técnicos desempeñan un papel crucial en la sincronización de los puntos de entrada y salida. Indicadores como las medias móviles, el índice de fuerza relativa (RSI), el MACD (convergencia de la media móvil y la divergencia) y los osciladores estocásticos proporcionan información sobre el sentimiento del mercado, el impulso y las posibles reversiones. Los traders utilizan estos indicadores para generar señales de compra o venta.

El análisis de volumen ayuda a cronometrar los puntos de entrada y salida mediante la evaluación de la fuerza y la convicción detrás de los movimientos de precios. Un mayor volumen de negociación durante las rupturas o rupturas de precios confirma la validez del movimiento, mientras que un volumen bajo durante las consolidaciones puede indicar una falta de interés en el mercado. El análisis de volumen ayuda a los traders a tomar decisiones más informadas.

El trading de ruptura implica identificar niveles clave de soporte o resistencia y entrar en posiciones cuando el precio rompe por encima o por debajo del soporte. Los traders utilizan patrones gráficos como triángulos o rectángulos para identificar posibles oportunidades de ruptura y capitalizar el impulso.

Las estrategias de seguimiento de tendencias implican la entrada de posiciones en la dirección de la tendencia predominante. Los traders utilizan medias móviles, líneas de tendencia e indicadores como el MACD para confirmar y seguir la tendencia. Al entrar durante los retrocesos o retrocesos dentro de la tendencia, los traders tienen como objetivo maximizar la rentabilidad.

El trading de reversión implica identificar posibles cambios de tendencia y entrar en posiciones cuando el precio muestra signos de cambio de dirección. Los traders buscan patrones gráficos como dobles techos o mínimos, divergencias en los indicadores o señales de agotamiento para identificar oportunidades de reversión.

Un enfoque de trading a corto plazo llamado scalping busca beneficiarse de pequeños cambios de precios. Los traders ejecutan múltiples operaciones en un corto período de tiempo, a menudo utilizando indicadores como el RSI o el Oscilador Estocástico para identificar condiciones de sobrecompra o sobreventa. Los scalpers tienen como objetivo beneficiarse de las rápidas fluctuaciones de precios.

Cronometrar los puntos de entrada y salida con precisión es un desafío debido a la naturaleza dinámica del mercado de criptomonedas. Factores como la volatilidad de los precios, los cambios en el sentimiento del mercado y las noticias inesperadas pueden afectar a la precisión de las estrategias de sincronización. Los traders deben monitorear continuamente las condiciones del mercado y ajustar su tiempo en consecuencia.

Las técnicas adecuadas de gestión de riesgos deben acompañar a los puntos de entrada y salida de los tiempos. Establecer órdenes de stop-loss, trailing stops y objetivos de beneficios ayuda a gestionar las posibles pérdidas y a asegurar los beneficios. Los operadores deben ser conscientes de los riesgos que plantean sus posiciones y adoptar medidas de reducción del riesgo según sea necesario.

La incorporación de múltiples marcos de tiempo en el análisis puede mejorar la precisión del tiempo. Los traders pueden analizar los marcos de tiempo más altos para identificar la tendencia general y los marcos de tiempo más bajos para obtener puntos de entrada y salida precisos. Al alinear las señales en diferentes marcos temporales, los traders pueden aumentar la probabilidad de tomar decisiones de tiempo exitosas.

Cronometrar los puntos de entrada y salida es una habilidad crucial para los traders e inversores en el mercado de criptomonedas. El análisis técnico proporciona las herramientas y estrategias para identificar los momentos óptimos para entrar o salir de las posiciones. Los traders pueden mejorar la precisión de su sincronización teniendo en cuenta factores como el análisis de tendencias, los niveles de soporte y resistencia, los indicadores técnicos y el análisis de volumen. Estrategias como el trading de ruptura, el seguimiento de tendencias, el trading de reversión y el scalping ofrecen diferentes enfoques para cronometrar los puntos de entrada y salida. Sin embargo, se deben tener en cuenta desafíos como la precisión del tiempo y la gestión de riesgos. Las decisiones de tiempo exitosas se basan en el monitoreo continuo del mercado, ajustando las estrategias según sea necesario e incorporando técnicas adecuadas de gestión de riesgos. Al dominar el arte de la sincronización, los operadores pueden mejorar su rendimiento comercial, capitalizar las oportunidades del mercado y lograr resultados favorables en el dinámico y volátil mercado de criptomonedas.

CAPÍTULO V

Construcción de una
cartera de criptomonedas

Establecimiento de objetivos de inversión y tolerancia al riesgo

Establecer objetivos de inversión claros y comprender la tolerancia al riesgo son pasos esenciales para las personas que ingresan al mercado de criptomonedas. Establecer objetivos de inversión proporciona una hoja de ruta para las aspiraciones financieras, mientras que determinar la tolerancia al riesgo ayuda a alinear las estrategias de inversión con los niveles de comodidad personal. En esta sección, exploraremos el proceso de establecer objetivos de inversión y comprender la tolerancia al riesgo en el contexto de las inversiones en criptomonedas. Abordaremos la importancia del establecimiento de objetivos, los factores que influyen en la tolerancia al riesgo, los métodos para evaluar la tolerancia al riesgo y la importancia de alinear los objetivos y la tolerancia al riesgo para lograr resultados de inversión exitosos.

Establecer objetivos de inversión ayuda a las personas a aclarar sus aspiraciones financieras y a articular lo que esperan lograr a través de las inversiones en criptomonedas. Los objetivos pueden variar desde la acumulación de riqueza, la preservación del capital, la financiación de la jubilación, la compra de propiedades o el apoyo a los esfuerzos filantrópicos.

Los objetivos de inversión proporcionan una hoja de ruta para que las personas guíen su proceso de toma de decisiones. Los objetivos claros ayudan a determinar los plazos de inversión, el apetito por el riesgo y la estrategia general de inversión. Sirven como marco para tomar decisiones de inversión informadas alineadas con los resultados deseados.

Las personas pueden realizar un seguimiento de su progreso y responsabilizarse estableciendo objetivos de inversión específicos y medibles. El seguimiento periódico del progreso con respecto a los objetivos establecidos ayuda a garantizar que las estrategias de inversión se mantengan en el buen camino y que se puedan realizar los ajustes necesarios.

La tolerancia al riesgo se refiere a la voluntad y la capacidad de un individuo para soportar los riesgos de inversión. Influye en los tipos de inversiones con las que uno se siente cómodo y en el nivel de volatilidad y pérdidas potenciales que está dispuesto a aceptar. Comprender la tolerancia al riesgo es crucial para desarrollar una estrategia de inversión que se alinee con los niveles de comodidad personal.

Varios factores pueden influir en la tolerancia al riesgo de una persona. Estos incluyen la situación financiera, el conocimiento de la inversión, el horizonte temporal, la experiencia de inversión, los factores psicológicos y las circunstancias personales. La cantidad de riesgo que una persona está dispuesta a asumir depende de una variedad de factores.

Se pueden utilizar varios métodos para evaluar la tolerancia al riesgo. Los cuestionarios y las encuestas son herramientas de uso común que ayudan a las personas a medir sus actitudes hacia el riesgo. Estas evaluaciones tienen en cuenta el conocimiento de la inversión, el horizonte temporal y la disposición a aceptar posibles pérdidas.

Alinear los objetivos de inversión con la tolerancia al riesgo implica encontrar un equilibrio entre los rendimientos de inversión deseados y el nivel de riesgo que uno está dispuesto a aceptar. Garantiza que las estrategias de inversión estén diseñadas para lograr objetivos realistas sin comprometer los niveles de comodidad personal.

El horizonte temporal de inversión es crucial para alinear los objetivos y la tolerancia al riesgo. Los horizontes temporales más largos suelen permitir estrategias de inversión más agresivas y la exposición a activos potencialmente de mayor riesgo, mientras que los horizontes temporales más cortos suelen requerir enfoques más conservadores para preservar el capital.

Al distribuir los activos en varias clases de activos, sectores industriales y ubicaciones geográficas, la diversificación es un método de gestión de riesgos que ayuda a equilibrar los objetivos y la tolerancia al riesgo. La diversificación reducir el impacto del rendimiento de los activos individuales en la cartera de inversiones general y puede ayudar a mitigar el riesgo.

La alineación de los objetivos y la tolerancia al riesgo es un proceso continuo. Requiere una revisión periódica del rendimiento de las inversiones, una reevaluación de la tolerancia al riesgo y ajustes en las estrategias de inversión según sea necesario. Revisar y realinear regularmente los objetivos garantiza que las decisiones de inversión se alineen con los niveles de comodidad personal.

Los sesgos emocionales, como el miedo y la codicia, pueden influir en la toma de decisiones y afectar a la alineación de los objetivos y a la tolerancia al riesgo. Las decisiones impulsadas por las emociones pueden conducir a acciones impulsivas o al abandono de estrategias de inversión durante las recesiones del mercado. Es esencial ser consciente de estos sesgos y mantener la disciplina en el cumplimiento de los objetivos establecidos y la tolerancia al riesgo.

El mercado de las criptomonedas es conocido por su volatilidad, que puede presentar desafíos para alinear los objetivos y la tolerancia al riesgo. Las oscilaciones de precios y las incertidumbres del mercado pueden poner a prueba la paciencia y la tolerancia al riesgo de los inversores. Prepararse para las fluctuaciones del mercado y comprender los riesgos y recompensas potenciales es crucial para mantener el compromiso con los objetivos de inversión.

Las circunstancias de la vida y las situaciones financieras pueden cambiar con el tiempo, lo que requiere la reevaluación de los objetivos de inversión y la tolerancia al riesgo. Factores como los cambios en los ingresos personales, las obligaciones familiares o los cambios en las prioridades financieras pueden requerir ajustes en las estrategias de inversión para garantizar una alineación continua.

Establecer objetivos de inversión y comprender la tolerancia al riesgo son pasos críticos para el éxito de las inversiones en criptomonedas. Los objetivos claros proporcionan dirección y responsabilidad, mientras que la tolerancia al riesgo determina el nivel de riesgo con el que uno se siente cómodo. Al alinear los objetivos de inversión con la tolerancia al riesgo, las personas pueden desarrollar estrategias que equilibren el riesgo y la recompensa, consideren los horizontes temporales de inversión, diversifiquen las carteras y revisen y ajusten regularmente las decisiones de inversión. Es esencial ser disciplinado y consciente de los sesgos emocionales y la volatilidad del mercado a lo largo del proceso de inversión. Al alinear los objetivos y la tolerancia al riesgo, las personas pueden perseguir con confianza sus aspiraciones financieras, navegar por el mercado de criptomonedas de manera más efectiva y aumentar la probabilidad de resultados de inversión exitosos.

Estrategias de diversificación para una cartera equilibrada

La diversificación es un principio fundamental en la gestión de inversiones que implica distribuir las inversiones entre diferentes clases de activos, sectores y regiones geográficas para reducir el riesgo y lograr una cartera equilibrada. La diversificación se vuelve aún más crucial para gestionar la volatilidad y optimizar los rendimientos en el mundo dinámico y en constante cambio de las inversiones en criptomonedas. En esta sección, exploraremos el concepto de diversificación, discutiremos los beneficios y la importancia de la diversificación en las carteras de criptomonedas, examinaremos diferentes estrategias de diversificación y destacaremos la importancia de mantener una cartera equilibrada.

La diversificación implica la asignación de inversiones en varios activos para reducir el riesgo asociado con las inversiones individuales. Su objetivo principal es gestionar la exposición al riesgo y mejorar los rendimientos de las inversiones aprovechando las diferentes condiciones del mercado y reduciendo el impacto de los eventos adversos.

La diversificación ofrece varios beneficios a los inversores en el mercado de criptomonedas. Ayuda a reducir el riesgo general de la cartera, mitiga el impacto de la volatilidad de los activos individuales y mejora el potencial de rendimientos constantes. La diversificación también expone diferentes oportunidades de inversión y minimiza el impacto de riesgos específicos relacionados con el mercado o el sector.

La diversificación se puede lograr asignando inversiones a diferentes clases de activos, como criptomonedas, acciones, bonos, bienes raíces y materias primas. Cada clase de activo tiene sus propias características de riesgo y rentabilidad, y combinarlas ayuda a crear una cartera diversificada.

Las criptomonedas son conocidas por su volatilidad inherente, lo que hace que la diversificación sea crucial para gestionar el riesgo. Al diversificar en varias criptomonedas, los inversores pueden reducir el impacto de las oscilaciones de precios en cualquier activo individual y potencialmente amortiguar las pérdidas sustanciales.

El mercado de las criptomonedas comprende varios sectores, como las finanzas descentralizadas (DeFi), los tokens no fungibles (NFT) y las monedas de privacidad. Cada sector conlleva riesgos únicos. La diversificación en diferentes sectores ayuda a mitigar el riesgo asociado con el desempeño de cualquier sector y proporciona exposición a posibles oportunidades de crecimiento.

La diversificación geográfica implica invertir en criptomonedas de diferentes regiones o países. Ayuda a reducir los riesgos específicos de cada país, las incertidumbres regulatorias y los eventos geopolíticos que pueden afectar el rendimiento de las criptomonedas. Al diversificarse globalmente, los inversores pueden capitalizar las oportunidades en diferentes mercados y reducir potencialmente el riesgo.

Una estrategia conocida como asignación de activos consiste en distribuir las inversiones entre varias clases de activos. Al asignar un porcentaje de la cartera a criptomonedas, acciones, bonos y otros activos, los inversores pueden lograr la diversificación y equilibrar el riesgo y el rendimiento en función de su tolerancia al riesgo y sus objetivos de inversión.

La diversificación de la capitalización de mercado implica invertir en criptomonedas con diferentes capitalizaciones de mercado, como criptomonedas de gran capitalización, mediana y pequeña capitalización. Las criptomonedas de gran capitalización generalmente brindan estabilidad, mientras que las criptomonedas de mediana y pequeña capitalización ofrecen un mayor potencial de crecimiento. Una combinación de diferentes capitalizaciones de mercado ayuda a lograr la diversificación dentro del espacio de las criptomonedas.

La diversificación de estrategias implica combinar diferentes estrategias de inversión dentro de una cartera. Por ejemplo, los inversores pueden adoptar una combinación de inversión a largo plazo, swing trading y participación en ofertas iniciales de monedas (ICO) o ventas de tokens. Esta diversificación de estrategias ayuda a capturar diferentes oportunidades de mercado y reducir la dependencia de un solo enfoque.

La diversificación sectorial implica invertir en criptomonedas de diferentes sectores o industrias. Por ejemplo, la asignación de inversiones en DeFi, NFT, monedas de privacidad y otros sectores ayuda a distribuir el riesgo y proporciona exposición a posibles áreas de crecimiento. La diversificación sectorial garantiza que el rendimiento de la cartera no dependa únicamente del rendimiento de un solo sector.

El reequilibrio es el proceso de realinear la cartera para mantener la asignación de activos deseada. El seguimiento y ajuste periódicos de la composición de la cartera garantiza que la asignación cumpla con los objetivos de riesgo y rentabilidad deseados. El reequilibrio ayuda a los inversores a capturar ganancias y gestionar el riesgo.

La evaluación continua del riesgo y la revisión de la cartera son esenciales para mantener una cartera equilibrada. Los inversores deben evaluar la exposición al riesgo de los activos individuales, supervisar la correlación entre las diferentes participaciones y tener en cuenta los cambios en las condiciones del mercado o en los objetivos de inversión. Una revisión periódica permite realizar ajustes en la estrategia de diversificación según sea necesario.

Una cartera equilibrada tiene en cuenta el perfil de riesgo-rentabilidad de las diferentes inversiones. Los inversores deben analizar los rendimientos y riesgos potenciales asociados con cada clase de activo o criptomoneda y alinearlos con su tolerancia al riesgo y objetivos de inversión. Una cartera bien equilibrada optimiza las rentabilidades ajustadas al riesgo.

Las estrategias de diversificación son clave para construir una cartera equilibrada en el mercado de las criptomonedas. La diversificación permite a los inversores gestionar el riesgo, mitigar la volatilidad y optimizar los rendimientos. Al asignar inversiones a varias clases de activos, capitalizaciones de mercado, sectores y geografías, los inversores pueden lograr una cartera equilibrada que se alinee con su tolerancia al riesgo y sus objetivos de inversión. La asignación de activos, la capitalización de mercado, la diversificación sectorial y la diversificación de estrategias proporcionan marcos para diversificar las carteras de criptomonedas. Mantener una cartera equilibrada requiere una revisión periódica, un reequilibrio y una consideración de los perfiles de riesgo-rendimiento. Una cartera equilibrada reducir la dependencia de un solo activo o sector, distribuye el riesgo y posiciona a los inversores para aprovechar las oportunidades de crecimiento al tiempo que gestiona las posibles desventajas. Al adoptar la diversificación y mantener una cartera equilibrada, los inversores pueden navegar por el mercado de criptomonedas de manera más efectiva y aumentar la probabilidad de lograr el éxito de la inversión a largo plazo.

Elegir criptomonedas en función del perfil de riesgo-recompensa

La elección de criptomonedas implica evaluar el perfil de riesgo-recompensa de los diferentes activos digitales. El mercado de criptomonedas ofrece varias opciones con características únicas y rendimientos potenciales. Evaluar el riesgo asociado con una criptomoneda en particular y sopesarlo con las recompensas potenciales es crucial para tomar decisiones de inversión informadas. En esta sección, exploraremos el concepto de perfil de riesgo-recompensa en la inversión en criptomonedas, discutiremos los factores que influyen en el riesgo y la recompensa de las criptomonedas, examinaremos los métodos para evaluar el riesgo y la recompensa, y destacaremos la importancia de considerar el perfil de riesgo-recompensa al seleccionar criptomonedas para la inversión.

El potencial de pérdida o desviación de los rendimientos esperados se denomina riesgo. La recompensa, por otro lado, representa el potencial de ganancia o rendimientos positivos. El riesgo y la recompensa están interconectados en la inversión en criptomonedas, y lograr un equilibrio es crucial para obtener resultados de inversión exitosos.

El riesgo relacionado con la criptomoneda está influenciado por una serie de factores. Estos incluyen la volatilidad del mercado, las incertidumbres regulatorias, los riesgos tecnológicos, la liquidez, las vulnerabilidades de seguridad y el sentimiento general del mercado. Comprender estos factores ayuda a evaluar el nivel de riesgo asociado con criptomonedas específicas.

La recompensa potencial de una criptomoneda está influenciada por factores como su innovación tecnológica, la tasa de adopción, la demanda del mercado, la utilidad, la experiencia del equipo, las asociaciones y el rendimiento general del mercado. Estos factores determinan el potencial de crecimiento y la apreciación del valor de una criptomoneda.

La volatilidad mide las fluctuaciones de precios de una criptomoneda. Evaluar la volatilidad histórica y analizar el potencial de futuras oscilaciones de precios ayuda a medir el riesgo asociado con un activo digital en particular. Mientras que una volatilidad más baja implica un riesgo relativamente menor, una volatilidad más alta indica una mayor cantidad de riesgo.

Los riesgos de mercado incluyen el sentimiento del mercado, la liquidez y el panorama competitivo. Los riesgos regulatorios abarcan el impacto potencial de las acciones regulatorias o los cambios en el marco legal que rige las criptomonedas. La evaluación de estos riesgos ayuda a evaluar los posibles obstáculos a los que puede enfrentarse una criptomoneda.

Las criptomonedas se basan en la tecnología cadena de bloques subyacente. Evaluar la solidez tecnológica, la escalabilidad, las características de seguridad y las posibles vulnerabilidades ayuda a medir el riesgo asociado a una criptomoneda. Comprender los riesgos relacionados con la piratería, el fraude y los ciberataques es crucial a la hora de evaluar las opciones de inversión.

El análisis fundamental implica evaluar el valor intrínseco y las perspectivas a largo plazo de una criptomoneda. Factores como el documento técnico del proyecto, la experiencia del equipo, las asociaciones, los casos de uso, la tasa de adopción y la demanda general del mercado ayudan a determinar el potencial de crecimiento y las posibles recompensas de una criptomoneda.

Evaluar la demanda y la adopción de una criptomoneda en el mercado es crucial para estimar sus posibles recompensas. Comprender el mercado objetivo, el problema que pretende resolver y la ventaja competitiva de la criptomoneda ayuda a evaluar el potencial de adopción generalizada y aumento de valor con el tiempo.

El análisis técnico implica el análisis de patrones de precios históricos, patrones de gráficos e indicadores para identificar posibles movimientos futuros de precios. Al examinar las tendencias, los niveles de soporte y resistencia y el sentimiento del mercado, el análisis técnico ayuda a los inversores a evaluar las recompensas potenciales asociadas con una criptomoneda.

La relación riesgo-recompensa mide el rendimiento potencial en comparación con el riesgo potencial. La evaluación de la relación riesgo-recompensa ayuda a los inversores a encontrar un equilibrio entre el nivel de riesgo que están dispuestos a aceptar y las posibles recompensas que buscan. Una relación riesgo-recompensa favorable indica una oportunidad de inversión potencialmente atractiva.

Diversificar las inversiones en criptomonedas en diferentes activos puede ayudar a gestionar el riesgo y optimizar las posibles recompensas. Al distribuir las inversiones en múltiples criptomonedas con diferentes perfiles de riesgo-recompensa, los inversores pueden reducir la exposición a cualquier activo individual y capturar oportunidades de crecimiento.

A la hora de equilibrar el riesgo y la recompensa, los inversores deben tener en cuenta su horizonte temporal de inversión, así como su estrategia de inversión. Los inversores a largo plazo pueden estar más inclinados a aceptar mayores riesgos para obtener recompensas potencialmente mayores, mientras que los operadores a corto plazo pueden centrarse en minimizar el riesgo y buscar rendimientos inmediatos.

Elegir criptomonedas en función de su perfil de riesgo-recompensa es fundamental para invertir con éxito en criptomonedas. La evaluación del riesgo asociado a un activo digital concreto, incluidos factores como la volatilidad, los riesgos de mercado y normativos y las vulnerabilidades tecnológicas, proporciona una comprensión completa del panorama de riesgos. La evaluación de las recompensas potenciales en función del análisis fundamental, la demanda del mercado, las tasas de adopción y el análisis técnico ayuda a medir el potencial de crecimiento y los rendimientos potenciales. Equilibrar el riesgo y la recompensa implica considerar la relación riesgo-recompensa, diversificar las inversiones y alinear las estrategias de inversión con los objetivos personales y los horizontes temporales. Al tomar decisiones informadas basadas en el perfil de riesgo-recompensa de las criptomonedas, los inversores pueden navegar por el mercado de criptomonedas de manera efectiva y aumentar la probabilidad de lograr resultados de inversión favorables.

Inversión a largo plazo vs. trading a corto plazo

Invertir en el mercado de criptomonedas ofrece una variedad de estrategias, que incluyen la inversión a largo plazo y el comercio a corto plazo. La inversión a largo plazo implica mantener activos durante un período prolongado, mientras que el trading a corto plazo se centra en capturar los movimientos de precios de corta duración. Ambos enfoques tienen méritos y consideraciones, y comprender las diferencias entre el trading a largo plazo y el trading a corto plazo es crucial para los inversores. En esta sección, exploraremos los conceptos de inversión a largo plazo y trading a corto plazo, discutiremos las ventajas y los desafíos de cada enfoque, examinaremos los factores a considerar al elegir entre ellos y destacaremos su importancia para lograr los objetivos de inversión.

La inversión a largo plazo implica comprar y mantener activos durante un período prolongado, a menudo años o incluso décadas. Los inversores se centran en el potencial a largo plazo de un activo, mirando más allá de las fluctuaciones del mercado a corto plazo. Este enfoque tiene como objetivo capitalizar el crecimiento general de la inversión y la apreciación del valor a lo largo del tiempo.

La inversión a largo plazo ofrece varias ventajas. Permite a los inversores capear la volatilidad del mercado a corto plazo y centrarse en el potencial a largo plazo de un activo. Reducir el impacto del ruido y el sentimiento del mercado a corto plazo en las decisiones de inversión. Los inversores a largo plazo pueden beneficiarse de los rendimientos compuestos, aprovechar los ciclos del mercado y alinear sus inversiones con sus objetivos financieros.

La inversión a largo plazo tiene sus desafíos. Los inversores deben tener paciencia y disciplina para resistir las caídas y fluctuaciones del mercado. Requiere una investigación y un análisis exhaustivos para identificar activos con potencial de crecimiento a largo plazo. Además, los inversores deben supervisar continuamente sus inversiones y realizar los ajustes necesarios para alinearse con las condiciones cambiantes del mercado.

El trading a corto plazo implica la compra y venta de activos en un plazo relativamente corto, a menudo días, semanas o meses. Los traders se centran en capitalizar los movimientos de precios a corto plazo, las ineficiencias del mercado y el impulso. Las estrategias de trading a corto plazo pueden incluir el day trading, el swing trading y el scalping.

El trading a corto plazo ofrece varias ventajas. Los traders pueden generar ganancias rápidas capturando los movimientos de precios a corto plazo. Pueden aprovechar la volatilidad del mercado y reaccionar a las noticias y eventos en tiempo real. El trading a corto plazo proporciona flexibilidad y la oportunidad de adaptarse a las condiciones cambiantes del mercado.

El trading a corto plazo viene con sus desafíos. Los operadores deben ser expertos en el análisis técnico, los patrones gráficos y la sincronización del mercado para hacer predicciones precisas y ejecutar operaciones de manera efectiva. Requiere un seguimiento activo del mercado y un compromiso continuo. El trading a corto plazo puede ser estresante, ya que los traders necesitan tomar decisiones rápidas y gestionar los riesgos de manera eficiente.

La tolerancia al riesgo juega un papel importante a la hora de elegir entre la inversión a largo plazo y el trading a corto plazo. La inversión a largo plazo generalmente implica operaciones menos frecuentes y es adecuada para personas con una mayor tolerancia al riesgo que pueden soportar la volatilidad del mercado y las posibles pérdidas temporales. El trading a corto plazo requiere una mayor tolerancia al riesgo debido a la posibilidad de movimientos rápidos de precios y plazos más cortos.

El compromiso de tiempo es una consideración importante. La inversión a largo plazo requiere un seguimiento y una toma de decisiones menos frecuentes. Los inversores pueden revisar sus carteras periódicamente y hacer ajustes según sea necesario. El trading a corto plazo requiere un seguimiento activo y un compromiso frecuente con el mercado, ya que los movimientos de precios pueden producirse rápidamente.

Los objetivos de inversión son cruciales a la hora de decidir entre la inversión a largo plazo y el trading a corto plazo. La inversión a largo plazo se alinea bien con objetivos como la acumulación de riqueza, la planificación de la jubilación o la financiación de gastos futuros.

El trading a corto plazo puede ser más adecuado para las personas que buscan ingresos regulares o capitalizar oportunidades de mercado más cortas.

La habilidad y el conocimiento en el análisis de inversiones, la dinámica del mercado y las estrategias comerciales son factores esenciales a considerar. La inversión a largo plazo requiere una sólida comprensión del análisis fundamental y la identificación de activos con potencial de crecimiento a largo plazo. El trading a corto plazo requiere habilidades de análisis técnico, reconocimiento de patrones de gráficos y la capacidad de ejecutar operaciones de manera efectiva.

La inversión a largo plazo es adecuada para las personas con un enfoque paciente y disciplinado. Se alinea con los objetivos de inversión centrados en la revalorización del capital durante un período prolongado. Los inversores a largo plazo pueden beneficiarse del poder de los rendimientos compuestos y del potencial de acumulación sustancial de riqueza. Requiere una perspectiva a largo plazo y la capacidad de resistir la volatilidad del mercado a corto plazo.

El trading a corto plazo puede ser adecuado para las personas que buscan rendimientos más rápidos y capitalizar las oportunidades del mercado a corto plazo. Los traders pueden generar ingresos regulares capturando los movimientos de precios y las ineficiencias del mercado. Sin embargo, requiere un compromiso activo, habilidades de análisis técnico y una gestión eficaz de los riesgos.

La inversión a largo plazo y el comercio a corto plazo representan enfoques distintos en el mercado de criptomonedas, cada uno con sus ventajas y desafíos. La inversión a largo plazo permite a los inversores centrarse en el potencial a largo plazo de un activo, aprovechar los rendimientos compuestos y alinear las inversiones con sus objetivos financieros. El trading a corto plazo ofrece oportunidades para obtener ganancias rápidas al capitalizar los movimientos de precios a corto plazo y las ineficiencias del mercado. La tolerancia al riesgo, el compromiso de tiempo, los objetivos de inversión y el nivel de habilidad juegan un papel importante en la elección entre los dos enfoques. Tener en cuenta las circunstancias y los objetivos personales es esencial a la hora de decidir una estrategia. Además, la combinación de elementos de ambos enfoques puede ofrecer un enfoque equilibrado para la inversión en criptomonedas. En última instancia, los inversores deben alinear su enfoque de inversión con su tolerancia al riesgo, sus objetivos y su horizonte temporal para aumentar la probabilidad de lograr resultados de inversión exitosos.

CAPÍTULO VI

Estrategias de inversión

Estrategia HODLing (Aferrarse a la Vida)

HODLing, un acrónimo derivado de "Hold On for Dear Life", es una estrategia de inversión a largo plazo que se originó en la comunidad de criptomonedas. Se refiere a la práctica de mantener las criptomonedas durante un período prolongado, independientemente de las fluctuaciones del mercado a corto plazo. Los HODLers creen en el potencial a largo plazo de las criptomonedas y resisten la tentación de participar en compras y ventas frecuentes. En esta sección, exploraremos el concepto de HODLing, discutiremos sus orígenes y principios, examinaremos las ventajas y desafíos asociados con esta estrategia y destacaremos su importancia en el mundo volátil y dinámico de la inversión en criptomonedas.

El término "HODL" se originó a partir de una palabra mal escrita en una publicación del foro de criptomonedas titulada "I AM HODLING". La publicación, escrita durante una recesión del mercado, expresaba la determinación del autor de mantener su inversión en Bitcoin a pesar de las fluctuaciones de precios a corto plazo. Esta publicación ganó popularidad y provocó el movimiento HODLing en la comunidad de criptomonedas.

El HODLing se basa en varios principios. Adopta una perspectiva a largo plazo, centrándose en el crecimiento potencial de las criptomonedas y la apreciación del valor a lo largo del tiempo. Los HODLers creen en el poder disruptivo de la tecnología cadena de bloques y su capacidad para revolucionar varias industrias. Resisten el impulso de participar en el trading activo y se esfuerzan por evitar la toma de decisiones emocionales basadas en el sentimiento del mercado a corto plazo.

HODLing reconoce los aspectos psicológicos y emocionales de la inversión. Al adoptar una mentalidad a largo plazo y aferrarse a las inversiones, los HODLers tienen como objetivo minimizar el impacto de la volatilidad del mercado y reducir el potencial de toma de decisiones irracionales impulsadas por el miedo o la codicia.

La principal ventaja del HODLing es el potencial de crecimiento a largo plazo y la apreciación del valor de las criptomonedas. Al mantener los activos, los HODLers pueden beneficiarse de los ciclos del mercado, las tendencias emergentes y la adopción y maduración general del ecosistema de criptomonedas.

El HODLing minimiza los costos de transacción asociados con la compra y venta frecuentes. Al evitar el trading a corto plazo y las tarifas de transacción que lo acompañan, los HODLers pueden maximizar los rendimientos potenciales de sus inversiones.

HODLing ofrece una estrategia de inversión simplificada que requiere un seguimiento y una toma de decisiones menos activos. Los HODLers pueden centrarse en una investigación exhaustiva, seleccionar criptomonedas prometedoras y mantenerse informados sobre la evolución del mercado sin necesidad de tomar decisiones comerciales frecuentes.

El HODLing fomenta la resiliencia emocional frente a la volatilidad del mercado. Al adoptar una perspectiva a largo plazo, los HODLers son menos susceptibles a las fluctuaciones del mercado a corto plazo y es más probable que tomen decisiones de inversión racionales basadas en el análisis fundamental en lugar del sentimiento del mercado a corto plazo.

Los mercados de criptomonedas son conocidos por su volatilidad, y el HODLing requiere resiliencia frente a las fluctuaciones de precios. Los HODLers deben estar preparados para las pérdidas a corto plazo y mantener la confianza en el potencial a largo plazo de las criptomonedas elegidas.

La selección de criptomonedas adecuadas para HODLing requiere una investigación exhaustiva y la diligencia debida. Los HODLers deben considerar los factores fundamentales que influyen en el crecimiento potencial a largo plazo de una criptomoneda, incluida la tecnología del proyecto, el equipo, la tasa de adopción, los casos de uso y la demanda del mercado.

Si bien el HODLing implica un comercio activo mínimo, es necesario realizar un monitoreo y ajustes periódicos. Los HODLers deben mantenerse informados sobre las tendencias del mercado, los avances tecnológicos, los cambios regulatorios y otros factores que pueden afectar las perspectivas a largo plazo de las criptomonedas elegidas.

HODLing promueve una perspectiva a largo plazo en la inversión en criptomonedas. Anima a los inversores a mirar más allá de las fluctuaciones de precios a corto plazo y centrarse en el posible impacto transformador de la tecnología cadena de bloques a lo largo del tiempo. Los HODLers basan su estrategia de inversión en su creencia de que las criptomonedas serán cruciales para el desarrollo de la tecnología y las finanzas en el futuro.

El HODLing ofrece beneficios psicológicos al reducir el estrés y la ansiedad asociados con el trading a corto plazo y el market timing. Los HODLers pueden evitar la montaña rusa emocional de la compra y venta frecuente, lo que les permite tomar decisiones de inversión más racionales e informadas.

El HODLing inculca disciplina de inversión al alentar a los inversores a apegarse a su estrategia a largo plazo y resistir la tentación de participar en operaciones impulsivas o impulsadas por las emociones. Esta disciplina puede conducir a un enfoque más coherente y centrado en la inversión en criptomonedas.

HODLing, la práctica de aferrarse a las criptomonedas a largo plazo, se ha convertido en una estrategia importante en la comunidad de criptomonedas. Encarna una perspectiva a largo plazo, una creencia en el potencial de la tecnología cadena de bloques y una resistencia a las fluctuaciones del mercado a corto plazo. El HODLing ofrece ventajas como el potencial de crecimiento a largo plazo, la reducción de los costes de transacción, la simplificación de las estrategias de inversión y la resiliencia emocional. Sin embargo, también presenta desafíos, incluida la volatilidad del mercado, la necesidad de una investigación exhaustiva y un monitoreo periódico. El HODLing es importante en la inversión en criptomonedas, ya que promueve una perspectiva a largo plazo, el bienestar psicológico y la disciplina de inversión. Al adoptar el HODLing, los inversores pueden beneficiarse del poder transformador de las criptomonedas al tiempo que minimizan el impacto del ruido del mercado a corto plazo.

Enfoque de promedio del costo en dólares

Independientemente de las condiciones del mercado, la técnica de promedio del costo en dólares (DCA) es una estrategia de inversión sistemática que implica realizar inversiones regulares de una cantidad determinada de dinero. Con esta técnica, los inversores pueden disminuir los efectos de la volatilidad del mercado a corto plazo y beneficiarse del crecimiento a largo plazo, ya que se basa en los principios de coherencia y disciplina. En esta sección se explorará el concepto de promedio del costo en dólares, se discutirán sus principios subyacentes, se examinarán las ventajas y los desafíos asociados con este enfoque y se destacará su importancia en la construcción de una cartera de inversiones disciplinada.

El promedio del costo en dólares implica invertir una cantidad fija de dinero en un vehículo de inversión a intervalos regulares, independientemente del precio del activo. Este enfoque prioriza la consistencia y la inversión a largo plazo al distribuir las inversiones a lo largo del tiempo y reducir el impacto de las fluctuaciones del mercado a corto plazo.

El principio fundamental detrás del promedio del costo en dólares es promediar el precio de compra de una inversión a lo largo del tiempo. Al invertir una cantidad fija regularmente, los inversores compran más unidades o acciones cuando los precios son más bajos y menos cuando los precios son más altos. Esto promedia el precio de compra a lo largo del tiempo, lo que puede reducir el impacto de la volatilidad del mercado.

El promedio del costo en dólares ofrece flexibilidad, ya que los inversores pueden elegir sus intervalos de inversión, como mensuales, trimestrales o anuales. Este enfoque permite a los inversores adaptar sus montos e intervalos de inversión en función de su capacidad financiera y las condiciones del mercado.

El enfoque de promedio del costo en dólares ayuda a mitigar el riesgo de un mal momento del mercado. Al invertir de forma constante a lo largo del tiempo, los inversores dependen menos de predecir con precisión los máximos y mínimos del mercado. Esto reducir el riesgo de tomar decisiones de inversión costosas basadas en las fluctuaciones del mercado a corto plazo.

El promedio del costo en dólares promueve una inversión disciplinada y consistente. Los inversores se comprometen a una cantidad fija de inversión a intervalos regulares, independientemente de las condiciones del mercado. Este enfoque elimina la tentación de tomar decisiones de trading emocionales o impulsivas impulsadas por el sentimiento del mercado a corto plazo.

Con el promedio del costo en dólares, los inversores compran automáticamente más unidades o acciones cuando los precios son bajos y menos cuando los precios son altos. En comparación con una inversión global realizada en un período específico, esto puede conducir eventualmente a un costo promedio más bajo por unidad o acción.

El enfoque de promediar el costo en dólares ofrece beneficios psicológicos a los inversionistas. Al distribuir las inversiones a lo largo del tiempo, los inversores pueden experimentar menos estrés y ansiedad asociados con la volatilidad del mercado. El enfoque coherente y disciplinado fomenta una perspectiva a largo plazo, reduciendo el impacto del ruido del mercado a corto plazo en las decisiones de inversión.

Un desafío potencial del promedio del costo en dólares es el costo de oportunidad de no capitalizar plenamente los repuntes del mercado. Dado que las inversiones se realizan a intervalos regulares, los inversores pueden perder el beneficio total de invertir una suma global durante períodos de crecimiento significativo del mercado.

Adoptar el enfoque de promedio del costo en dólares requiere resiliencia emocional para seguir comprometido con la estrategia durante los períodos de recesión del mercado. Los inversores deben estar preparados para las pérdidas a corto plazo y mantener una perspectiva a largo plazo.

Las tarifas de transacción pueden afectar la efectividad del enfoque de promedio del costo en dólares, especialmente para los inversores con montos de inversión más pequeños. Los inversores deben tener en cuenta los costes de transacción a la hora de evaluar los posibles rendimientos de esta estrategia.

El enfoque de promedio del costo en dólares ayuda a construir una cartera de inversión disciplinada al promover la consistencia y la disciplina en la inversión. Los inversores se comprometen a realizar contribuciones periódicas, fomentando una mentalidad a largo plazo y reduciendo el impacto de las fluctuaciones del mercado a corto plazo en las decisiones de inversión.

Al distribuir las inversiones a lo largo del tiempo, el promedio del costo en dólares ayuda a mitigar el riesgo de sincronización del mercado y la volatilidad a corto plazo. Permite a los inversores evitar tomar decisiones de inversión significativas basadas en el sentimiento del mercado a corto plazo o intentar cronometrar los máximos y mínimos del mercado.

El enfoque de promediar el costo en dólares es accesible para muchos inversionistas, incluidos aquellos con capital limitado o conocimientos de inversión. Permite a las personas ingresar al mercado gradualmente y construir su cartera de inversiones a lo largo del tiempo, independientemente de la condición actual del mercado.

El enfoque de promedio del costo en dólares ofrece a los inversores una estrategia de inversión sistemática y disciplinada. Al invertir una cantidad fija con regularidad, independientemente de las condiciones del mercado, los inversores pueden mitigar el riesgo de sincronización del mercado y beneficiarse potencialmente del crecimiento a largo plazo. El enfoque promueve la coherencia, la disciplina y una perspectiva a largo plazo, ayudando a los inversores a soportar las fluctuaciones del mercado a corto plazo. Si bien la estrategia puede tener algunos desafíos, como el costo de oportunidad y la resiliencia emocional, sus ventajas para mitigar el riesgo, fomentar la disciplina y construir una cartera disciplinada son significativas. El promedio del costo en dólares es accesible para los inversores de todos los niveles y ofrece beneficios psicológicos al reducir el estrés y la ansiedad asociados con la volatilidad del mercado. Al adoptar el enfoque de promedio del costo en dólares, los inversores pueden construir una cartera de inversión disciplinada y aumentar la probabilidad de lograr el éxito de la inversión a largo plazo.

Swing trading y momentum trading

El swing trading y el momentum trading son estrategias populares en el dinámico mundo de los mercados financieros. Ambos enfoques tienen como objetivo capitalizar los movimientos de precios a corto plazo y las tendencias del mercado. El swing trading se centra en capturar las oscilaciones de precios a corto plazo dentro de una tendencia más amplia, mientras que el momentum trading busca beneficiarse de la continuación de las tendencias de precios existentes. En esta sección, exploraremos los conceptos de swing trading y momentum trading, discutiremos sus principios subyacentes, examinaremos sus ventajas y desafíos, y destacaremos su importancia para navegar por las oportunidades del mercado a corto plazo.

Beneficiarse de los cambios de precios a corto plazo mientras se participa en una tendencia de mercado más amplia se conoce como swing trading. Los swing traders tienen como objetivo identificar reversiones de precios a corto plazo y realizar operaciones en los momentos oportunos. El análisis técnico, la identificación de los niveles de soporte y resistencia, los patrones gráficos y otros indicadores son la base de este método.

El swing trading se basa en el principio de que los mercados a menudo experimentan oscilaciones y correcciones de precios dentro de una tendencia más amplia. Los swing traders tienen como objetivo entrar en operaciones durante retrocesos o reversiones temporales de precios, esperando que el precio vuelva a oscilar hacia la tendencia general.

El swing trading suele implicar mantener posiciones desde unos pocos días hasta varias semanas. Los traders tienen como objetivo capturar los movimientos de precios a corto plazo y salir de sus posiciones una vez que se ha producido la oscilación o se alcanza un objetivo de ganancias predeterminado.

El trading de impulso se centra en capturar las tendencias de los precios y beneficiarse de la continuación del impulso del mercado existente. Los traders de impulso buscan activos que muestren un fuerte movimiento de precios al alza o a la baja y tienen como objetivo aprovechar la tendencia hasta que haya signos de reversión o agotamiento.

El momentum trading se basa en el principio de que es probable que los activos que han mostrado un fuerte movimiento de precios en el pasado continúen moviéndose en la misma dirección. Los traders de impulso utilizan indicadores técnicos, como las medias móviles, el índice de fuerza relativa (RSI) y el MACD, para identificar los activos con un fuerte impulso.

El momentum trading puede tener diferentes horizontes temporales, que van desde el trading intradía hasta el mantenimiento de posiciones durante varias semanas. El período de tenencia depende de la fuerza y la duración de la tendencia de impulso identificada. Los traders salen de sus posiciones cuando se hacen evidentes signos de agotamiento o reversión de la tendencia.

El swing trading presenta varias ventajas, lo que lo convierte en una estrategia atractiva para muchos traders. En primer lugar, el swing trading permite a los traders capturar las oscilaciones de precios a corto plazo. Al identificar y capitalizar estos movimientos de precios, los operadores pueden ejecutar operaciones frecuentes y generar ganancias rápidas.

En segundo lugar, el swing trading ofrece flexibilidad en diversas condiciones del mercado. Ya sea que el mercado esté en tendencia, oscilando o experimentando retrocesos temporales, las estrategias de swing trading pueden ser adaptables para explotar estos diferentes escenarios. En tercer lugar, el swing trading depende en gran medida de las herramientas e indicadores de análisis técnico. Este enfoque basado en datos permite a los traders tomar decisiones informadas basadas en patrones de precios, tendencias y otros indicadores. Al utilizar el análisis técnico, los operadores pueden comprender mejor la dinámica del mercado e identificar posibles puntos de entrada y salida.

Si bien el swing trading tiene sus ventajas, también conlleva ciertos desafíos que los traders deben sortear de manera efectiva. Un reto importante es la gestión de riesgos. El swing trading consiste en mantener posiciones durante períodos relativamente cortos, lo que expone a los traders al riesgo de reversiones del mercado y movimientos repentinos de precios. La implementación de estrategias sólidas de gestión de riesgos, como el establecimiento de órdenes de stop-loss y la gestión eficaz de las posiciones, es crucial para protegerse contra pérdidas sustanciales.

Otro desafío es la necesidad de un monitoreo y un cronograma continuos. El swing trading exitoso requiere un seguimiento activo de los movimientos del mercado, mantenerse actualizado sobre noticias e indicadores relevantes e identificar puntos óptimos de entrada y salida. Los traders deben dedicar tiempo y esfuerzo a mantenerse informados y tomar decisiones de trading en el momento oportuno.

Además, el swing trading puede ser psicológicamente exigente. La naturaleza a corto plazo de las operaciones de swing puede desencadenar respuestas emocionales, lo que lleva a la toma de decisiones impulsivas. Los traders deben cultivar la disciplina emocional, adherirse a su plan de trading y evitar tomar decisiones apresuradas basadas en las fluctuaciones del mercado a corto plazo.

El momentum trading ofrece varias ventajas, lo que lo convierte en una estrategia atractiva para los traders que buscan beneficiarse de los fuertes movimientos de precios. Una ventaja es la capacidad de aprovechar las tendencias establecidas. Los traders de impulso identifican y participan en tendencias que ya han ganado impulso, lo que aumenta el potencial de ganancias sustanciales si la tendencia continúa.

Otra ventaja es el potencial de fuertes rendimientos. Al centrarse en capturar movimientos de precios significativos, los traders de impulso pueden generar rendimientos considerables si la tendencia de impulso persiste. Además, las estrategias de momentum trading a menudo se basan en indicadores técnicos, que proporcionan puntos de entrada y salida claros. Estos criterios predefinidos ayudan a los traders a tomar decisiones precisas basadas en las señales de los indicadores.

Si bien el trading de impulso ofrece ventajas atractivas, no está exento de desafíos que los traders deben abordar de manera efectiva. Uno de los desafíos es el riesgo de reversiones del mercado y falsas rupturas. Las tendencias de impulso pueden revertirse abruptamente o experimentar falsas rupturas, lo que lleva a pérdidas si los traders no logran identificar los signos de un posible cambio de tendencia. Los operadores deben permanecer atentos y emplear estrategias adecuadas de gestión de riesgos para protegerse contra tales escenarios.

La gestión del riesgo y las órdenes de stop-loss es otro reto en el trading de impulso. Los traders deben establecer órdenes de stop-loss efectivas para limitar las pérdidas potenciales y ajustarlas a medida que avanza la tendencia para proteger las ganancias. La implementación de técnicas adecuadas de gestión de riesgos es crucial para mantener un enfoque comercial sostenible.

Por último, la sobrecarga de información puede suponer un reto en el trading de impulso. El análisis de múltiples indicadores técnicos y datos de mercado puede dar lugar a señales contradictorias y confusión. Los traders deben encontrar un equilibrio y centrarse en los indicadores relevantes para evitar verse abrumados por el exceso de información.

El swing trading y el momentum trading proporcionan a los traders estrategias para navegar por las oportunidades del mercado a corto plazo. Estos enfoques permiten a los traders capitalizar los movimientos y tendencias de precios de corta duración, lo que puede generar beneficios en plazos relativamente más cortos.

El swing trading y el momentum trading pueden beneficiar a los mercados volátiles, ya que permiten a los traders aprovechar la volatilidad de los precios y las fluctuaciones del mercado. Estas estrategias ayudan a los traders a navegar por las condiciones inciertas del mercado y a generar beneficios independientemente de la dirección general del mercado.

Tanto el swing trading como el momentum trading implican un equilibrio entre riesgo y rendimiento. Los traders tienen como objetivo equilibrar el potencial de mayores rendimientos con los riesgos inherentes asociados con las estrategias de trading a corto plazo. La implementación de técnicas efectivas de gestión de riesgos es esencial para optimizar el perfil de riesgo-recompensa de estas estrategias.

El swing trading y el momentum trading son estrategias populares para capitalizar las oportunidades del mercado a corto plazo. El swing trading se centra en capturar las oscilaciones de precios a corto plazo dentro de una tendencia más amplia, mientras que el momentum trading tiene como objetivo beneficiarse de la continuación de las tendencias de precios existentes. Ambos enfoques ofrecen ventajas como el potencial de ganancias rápidas, la adaptabilidad a las diferentes condiciones del mercado y la confianza en el análisis técnico. Sin embargo, también presentan desafíos, como la gestión de riesgos, el seguimiento de los movimientos del mercado y la disciplina emocional. El swing trading y el momentum trading son importantes para navegar por las oportunidades a corto plazo, proporcionando a los traders estrategias para capitalizar los movimientos de precios y las tendencias de corta duración. Al comprender estos enfoques y emplear técnicas efectivas de gestión de riesgos, los operadores pueden mejorar su potencial de éxito en el dinámico y acelerado mundo del trading a corto plazo.

Inversión en ICO y análisis de ventas de tokens

Las Ofertas Iniciales de Monedas (ICO) se han convertido en un método popular para la recaudación de fondos y la inversión en criptomonedas. Las ICO permiten a los proyectos de cadena de bloques recaudar capital mediante la emisión de tokens a los inversores a cambio de criptomonedas. Invertir en ICO puede ofrecer oportunidades significativas para inversiones en etapa inicial y rendimientos potenciales. Sin embargo, también conlleva riesgos y consideraciones únicos. En esta sección, exploraremos el concepto de inversión en ICO, analizaremos las ventas de tokens, examinaremos las ventajas y los desafíos asociados con las inversiones en ICO y destacaremos la importancia de una diligencia debida exhaustiva para tomar decisiones de inversión informadas.

La inversión en ICO implica participar en las ventas de tokens realizadas por proyectos de cadena de bloques. Los inversores contribuyen con criptomonedas, generalmente Bitcoin o Ethereum, a cambio de tokens específicos del proyecto. Las ICO a menudo ocurren durante las primeras etapas del desarrollo de un proyecto, lo que ofrece a los inversores la oportunidad de apoyar ideas innovadoras y obtener exposición a tokens potencialmente valiosos.

Las ICO se pueden clasificar en diferentes tipos, incluidas las ventas de tokens de utilidad, las ofertas de tokens de seguridad (STO) y las ofertas iniciales de intercambio (IEO). Cada tipo tiene características únicas y consideraciones regulatorias, que influyen en el panorama de la inversión y en los derechos y beneficios de los titulares de tokens.

El proceso de venta de tokens suele implicar varias etapas: anuncio del proyecto, preventa, venta pública y distribución de tokens. Los inversores deben comprender los detalles de cada etapa, incluida la asignación de tokens, los precios y los cronogramas de adquisición.

Evaluar el documento técnico del proyecto es un paso fundamental para analizar las ventas de tokens. El documento técnico proporciona información sobre la visión, los objetivos, la innovación tecnológica, los casos de uso y la economía de los tokens del proyecto. Los inversores deben evaluar la credibilidad y viabilidad de las soluciones propuestas para el proyecto y evaluar la demanda potencial del mercado para el producto o servicio del proyecto.

El equipo y los asesores del proyecto juegan un papel crucial en su éxito. Los inversores deben investigar la experiencia, los conocimientos y el historial de los miembros del equipo, incluidos sus antecedentes en la industria de la cadena de bloques. La reputación y la credibilidad de los asesores también pueden influir en el potencial del proyecto.

La evaluación de la tecnología subyacente al proyecto es vital para evaluar su potencial a largo plazo. Los inversores deben tener en cuenta las especificaciones técnicas del proyecto, la infraestructura de la cadena de bloques, el mecanismo de consenso, la escalabilidad, la seguridad y la compatibilidad con los ecosistemas de la cadena de bloques existentes. Comprender la propuesta de valor única del proyecto y las características innovadoras puede proporcionar información sobre su ventaja competitiva.

Analizar la economía de los tokens es esencial para comprender el valor y la utilidad de los tokens del proyecto. Los inversores deben evaluar factores como el suministro de tokens, la distribución, la utilidad dentro del ecosistema, la asignación de tokens al equipo y a los asesores, y los mecanismos para la apreciación del valor de los tokens.

La inversión en ICO ofrece varias ventajas, lo que la convierte en una opción atractiva para los inversores que buscan exposición a proyectos innovadores y oportunidades de inversión en fase inicial.

Una de las principales ventajas es la oportunidad de participar en inversiones en fase inicial. Las ICO proporcionan una plataforma para que las nuevas empresas recauden fondos a través de la venta de tokens, ofreciendo a los inversores la oportunidad de apoyar proyectos prometedores en su infancia. Al invertir en ICO, los inversores pueden acceder a proyectos con un potencial de crecimiento significativo, lo que podría generar rendimientos sustanciales de sus inversiones.

Otra ventaja es el potencial de liquidez y oportunidades comerciales. Las ICO exitosas a menudo dan como resultado que los tokens se incluyan en los intercambios de criptomonedas, lo que permite a los inversores intercambiar sus tokens y capitalizar los movimientos de precios. La liquidez proporcionada por los exchanges mejora la flexibilidad de los inversores para comprar, vender o mantener sus tokens en función de las condiciones del mercado y las estrategias de inversión individuales.

Además, los participantes de la ICO pueden disfrutar de beneficios exclusivos que no están disponibles para los inversores tradicionales. Estos beneficios pueden incluir precios de tokens con descuento durante la ICO, lanzamientos aéreos de tokens adicionales o acceso anticipado a servicios relacionados con el proyecto. Estos beneficios exclusivos pueden mejorar la experiencia de inversión y aumentar los rendimientos generales para los inversores.

Si bien la inversión en ICO presenta oportunidades únicas, también conlleva desafíos que los inversores deben sortear cuidadosamente para mitigar los riesgos y tomar decisiones informadas.

Un desafío importante es el panorama regulatorio que rodea a las ICO. Las ICO operan en una zona gris regulatoria, y la falta de directrices y regulaciones claras puede plantear riesgos para los inversores. Los cambios regulatorios o las medidas enérgicas contra las ICO por parte de los organismos reguladores pueden afectar la legalidad y viabilidad de las inversiones. Los inversores deben mantenerse actualizados sobre la evolución del entorno regulatorio para garantizar el cumplimiento y proteger sus inversiones.

Otro desafío es la necesidad de una mayor transparencia en algunos proyectos de ICO. La diligencia debida es crucial para los inversores, pero la información limitada sobre el equipo, la tecnología o la asignación de tokens puede dificultar la realización de evaluaciones exhaustivas. Los inversores deben tener cuidado y buscar proyectos que proporcionen información completa y transparente, incluidos documentos técnicos, credenciales del equipo, hoja de ruta del proyecto y detalles de distribución de tokens.

Además, el mercado de las criptomonedas es conocido por su volatilidad y susceptibilidad a las estafas y actividades fraudulentas. Los inversores deben ser conscientes de los riesgos que implica invertir en ICO, como los que plantean las empresas sospechosas o las ICO que hacen promesas poco realistas. Realizar una investigación exhaustiva, examinar los detalles del proyecto y evaluar la credibilidad del equipo son pasos esenciales para mitigar los riesgos de fraude.

La debida diligencia exhaustiva es crucial cuando se invierte en ICO. Los inversores deben realizar una investigación exhaustiva, incluida la revisión del documento técnico del proyecto, la evaluación del equipo y los asesores, la evaluación de la tecnología y la consideración de la demanda y la competencia del mercado.

La diligencia debida ayuda a los inversores a gestionar los riesgos asociados a las inversiones en ICO. Al evaluar minuciosamente los fundamentos del proyecto, los inversores pueden identificar posibles señales de alerta, evaluar la viabilidad del proyecto y tomar decisiones de inversión informadas.

A través de la diligencia debida, los inversores pueden protegerse de actividades fraudulentas y estafas. Al examinar los detalles del proyecto, los términos de los inversores y el cumplimiento normativo, los inversores pueden reducir la probabilidad de ser víctimas de ICO ilegítimas o mal ejecutadas.

La inversión en ICO ofrece oportunidades únicas para inversiones en etapa inicial y exposición a tokens potencialmente valiosos. Sin embargo, también conlleva riesgos y desafíos. Analizar las ventas de tokens a través de una diligencia debida exhaustiva es esencial para tomar decisiones de inversión informadas. La evaluación del documento técnico del proyecto, la evaluación del equipo y los asesores, la comprensión de la tecnología y el análisis de la economía de los tokens son pasos cruciales en este proceso. Las inversiones en ICO pueden proporcionar liquidez temprana, oportunidades comerciales y acceso a beneficios exclusivos. Sin embargo, los riesgos regulatorios, la falta de transparencia y la volatilidad del mercado plantean desafíos para los inversores. Al llevar a cabo una diligencia debida exhaustiva, los inversores pueden mitigar los riesgos, protegerse de actividades fraudulentas y aumentar sus posibilidades de realizar inversiones exitosas en ICO. Comprender la importancia de la diligencia debida en las inversiones de ICO es primordial para navegar por este panorama de inversión dinámico y en evolución.

CAPÍTULO VII

Gestión y protección
de sus inversiones

Creación y seguridad de billeteras de criptomonedas

Las billeteras de criptomonedas juegan un papel crucial en el almacenamiento y la gestión de activos digitales. A medida que las criptomonedas ganan popularidad y adopción, los usuarios necesitan comprender cada vez más cómo crear y proteger sus billeteras de manera efectiva. Una billetera de criptomonedas sirve como una bóveda digital para almacenar claves privadas, que otorgan acceso a los fondos de uno en la cadena de bloques. En esta sección, exploraremos el proceso de creación y seguridad de billeteras de criptomonedas, discutiremos los diferentes tipos de billeteras disponibles, examinaremos las mejores prácticas para la seguridad de las billeteras y destacaremos la importancia de salvaguardar los activos digitales en el panorama en constante evolución de las criptomonedas.

Los usuarios pueden almacenar, enviar y recibir activos digitales de forma segura utilizando una billetera de criptomonedas, que puede ser un programa de software o un dispositivo de hardware. Las billeteras interactúan con la red cadena de bloques, lo que permite a los usuarios administrar sus fondos y acceder a sus tenencias a través de claves privadas.

Hay varios tipos de billeteras de criptomonedas, como billeteras de software (de escritorio, móviles y basadas en la web), billeteras de hardware y billeteras de papel. Cada tipo ofrece diferentes niveles de seguridad y comodidad, atendiendo a las diversas preferencias y necesidades del usuario.

Las direcciones de billetera sirven como identificadores únicos para recibir criptomonedas. Las claves privadas, por otro lado, otorgan acceso a la billetera asociada y control sobre los fondos. Comprender la relación entre las direcciones de billetera y las claves privadas es crucial para la administración y seguridad de la billetera.

La creación de una billetera de software implica descargar e instalar una aplicación de billetera en un dispositivo preferido (escritorio, móvil o basado en la web). El proceso generalmente incluye la generación de una nueva dirección de billetera y la protección de la clave privada.

Las billeteras de hardware ofrecen una seguridad mejorada al almacenar claves privadas fuera de línea. Inicializar el dispositivo, generar una billetera y guardar de forma segura la semilla de recuperación son los tres pasos para configurar una billetera de hardware. Esto asegura que la billetera se pueda restaurar en caso de pérdida o robo.

Las billeteras de papel brindan una opción de almacenamiento fuera de línea para la protección de activos a largo plazo. Hacer una billetera de papel implica crear una dirección de billetera y la clave privada que la acompaña fuera de línea, imprimirlas y asegurar las copias impresas.

La implementación de contraseñas seguras y únicas para el acceso a la billetera agrega una capa adicional de seguridad. Habilitar la autenticación de dos factores (2FA) mejora aún más la protección de la billetera al requerir un paso de verificación adicional durante el inicio de sesión.

Mantener actualizadas las carteras de software y el firmware de las carteras de hardware es crucial para mantener la seguridad. Las actualizaciones a menudo incluyen parches para vulnerabilidades y mejoras en las funciones de seguridad.

La creación de copias de seguridad seguras de la información de la billetera, como claves privadas o semillas de recuperación, es esencial. Las copias de seguridad deben almacenarse en varias ubicaciones fuera de línea, preferiblemente encriptadas y protegidas de amenazas físicas y digitales.

El uso de opciones de almacenamiento en frío, como billeteras de hardware o billeteras de papel, puede mitigar las amenazas en línea. El almacenamiento en frío mantiene las claves privadas fuera de línea, lo que reducir el riesgo de exposición a piratas informáticos y malware.

Es fundamental estar atento a los intentos de phishing y a los ataques maliciosos. Los usuarios deben tener cuidado al hacer clic en enlaces sospechosos, evitar ingresar información de billetera en sitios web no confiables y verificar la autenticidad de las aplicaciones de billetera o las actualizaciones de firmware.

Salvaguardar los activos digitales en las billeteras de criptomonedas es esencial para protegerse contra pérdidas y robos. La naturaleza irreversible de las transacciones de cadena de bloques significa que la recuperación se vuelve extremadamente difícil una vez que los fondos se pierden o son robados.

La seguridad adecuada de la billetera garantiza la preservación de la privacidad financiera. Al asegurar las billeteras y mantener la confidencialidad de la información personal, los usuarios pueden proteger su historial de transacciones y evitar el acceso no autorizado a sus fondos.

El panorama de las criptomonedas evoluciona continuamente y regularmente surgen nuevos riesgos y amenazas. Al implementar sólidas medidas de seguridad de billetera, los usuarios pueden mitigar los riesgos asociados con hackeos, estafas y actividades fraudulentas.

Crear y asegurar billeteras de criptomonedas es crucial para las personas que buscan salvaguardar sus activos digitales de manera efectiva. Comprender los diferentes tipos de billeteras y sus características de seguridad asociadas permite a los usuarios tomar decisiones informadas. La implementación de las mejores prácticas, como contraseñas seguras, actualizaciones periódicas, copias de seguridad seguras y opciones de almacenamiento en frío, mejora significativamente la seguridad de la billetera. Salvaguardar los activos digitales en las billeteras es primordial, ya que protege contra pérdidas, robos y compromisos en la privacidad financiera. En el mundo dinámico y en rápida evolución de las criptomonedas, tomar medidas proactivas para proteger las billeteras es vital para que los usuarios naveguen con confianza por el panorama digital mientras preservan el valor de sus tenencias digitales.

Implementación de un seguimiento y una gestión eficaces de la cartera

El seguimiento y la gestión eficaces de la cartera son componentes vitales para invertir con éxito. A medida que las personas se aventuran en el mundo de los mercados financieros y construyen sus carteras de inversión, la adopción de estrategias y herramientas que permitan un seguimiento, evaluación y optimización integrales de las inversiones se vuelve crucial. El seguimiento y la gestión de carteras permiten a los inversores mantenerse informados sobre la asignación de activos, realizar un seguimiento del rendimiento, tomar decisiones informadas y mantener una cartera equilibrada y diversificada. En esta sección, exploraremos la importancia de implementar un seguimiento y una gestión eficaces de la cartera, analizaremos varias herramientas y técnicas disponibles para el seguimiento de la cartera, examinaremos las mejores prácticas para optimizar el rendimiento de la cartera y destacaremos la importancia de la gestión proactiva para lograr el éxito financiero.

El seguimiento y la gestión de carteras implican la supervisión y evaluación sistemáticas de las carteras de inversión para optimizar el rendimiento, gestionar el riesgo y alinearse con los objetivos de inversión. Los objetivos principales son mantener una cartera bien diversificada, realizar un seguimiento del rendimiento de los activos individuales y tomar decisiones de inversión informadas basadas en análisis basados en datos.

La distribución de inversiones entre diferentes tipos de activos (como acciones, bonos y bienes inmuebles) se conoce como asignación de activos. La revisión y el reequilibrio periódicos de la cartera garantizan que la asignación de activos se mantenga alineada con la tolerancia al riesgo y los objetivos de inversión del inversor.

El seguimiento y la gestión eficaces de la cartera abarcan estrategias de gestión de riesgos para proteger las inversiones de las condiciones adversas del mercado. La evaluación del riesgo, la diversificación y el uso de órdenes de stop-loss son componentes cruciales para mitigar el riesgo de la cartera.

Las plataformas y el software de seguimiento de carteras permiten a los inversores consolidar sus tenencias, supervisar el rendimiento y acceder a datos de mercado en tiempo real. Estas plataformas proporcionan análisis de carteras, visualización de asignación de activos y funciones de seguimiento del rendimiento.

Las métricas de rendimiento, como el retorno de la inversión (ROI), la tasa de crecimiento anual compuesta (CAGR) y el rendimiento ajustado al riesgo, proporcionan información sobre el rendimiento general de la cartera. La evaluación comparativa con índices de mercado relevantes o estrategias de inversión similares ayuda a evaluar el rendimiento de la cartera en relación con el mercado en general.

Mantenerse informado sobre las noticias del mercado, los indicadores económicos y los desarrollos específicos de la industria es esencial para una gestión eficaz de la cartera. El acceso a fuentes confiables de noticias financieras y la realización de una investigación de mercado exhaustiva ayudan a tomar decisiones de inversión informadas.

Establecer objetivos de inversión claros es la base para una gestión eficaz de la cartera. Los objetivos pueden incluir la preservación del capital, la generación de ingresos, la acumulación de riqueza o hitos financieros específicos. Los objetivos claramente definidos ayudan a guiar la asignación de activos y los procesos de toma de decisiones.

La diversificación en varias clases de activos, sectores y regiones geográficas es vital para gestionar el riesgo y optimizar el rendimiento de la cartera. La asignación de activos debe estar alineada con la tolerancia al riesgo, el horizonte temporal de inversión y las condiciones del mercado para mantener una cartera equilibrada.

Las revisiones periódicas de la cartera permiten a los inversores evaluar el rendimiento, evaluar la exposición al riesgo y reequilibrar la asignación de activos si es necesario. El reequilibrio garantiza que la cartera mantenga la asignación de activos deseada y se ajuste a los cambios en las condiciones del mercado.

Tener en cuenta las implicaciones fiscales y emplear estrategias de inversión eficientes desde el punto de vista fiscal es crucial para optimizar la rentabilidad de la cartera. El uso de cuentas con ventajas fiscales, la recolección de pérdidas fiscales y la comprensión de las reglas fiscales pueden ayudar a minimizar las obligaciones tributarias y mejorar las declaraciones después de impuestos.

La gestión proactiva de carteras permite a los inversores adaptarse a las condiciones cambiantes del mercado, las tendencias del sector y los factores económicos. El monitoreo y la evaluación regulares permiten realizar ajustes oportunos en la cartera para aprovechar las oportunidades o mitigar los riesgos.

El seguimiento y la gestión eficaces de la cartera permiten a los inversores identificar y capitalizar las oportunidades de inversión. Al mantenerse informados, los inversores pueden actuar con rapidez cuando surgen perspectivas de inversión atractivas, lo que podría mejorar la rentabilidad de la cartera.

La gestión proactiva ayuda a gestionar y mitigar los riesgos de la cartera. El monitoreo regular permite a los inversores identificar activos o sectores de bajo rendimiento y tomar medidas correctivas para minimizar las pérdidas potenciales.

El seguimiento y la gestión eficaces de la cartera son cruciales para invertir con éxito y alcanzar los objetivos financieros. Al adoptar herramientas y técnicas para el monitoreo de la cartera, los inversores pueden mantener una cartera bien diversificada, evaluar el rendimiento y tomar decisiones de inversión informadas. Las revisiones periódicas, el reequilibrio y las estrategias de gestión de riesgos optimizan el rendimiento de la cartera y la alinean con los objetivos de inversión. La gestión proactiva de carteras proporciona flexibilidad, adaptabilidad y la capacidad de capitalizar las oportunidades de inversión al tiempo que mitiga los riesgos. Al adoptar prácticas efectivas de seguimiento y gestión de carteras, los inversores pueden navegar con confianza por el dinámico mundo de los mercados financieros y trabajar para lograr el éxito financiero a largo plazo.

Desarrollo de estrategias de gestión de riesgos

El riesgo es una parte inherente de la inversión. A medida que las personas navegan por el complejo y cambiante panorama de los mercados financieros, el desarrollo de estrategias efectivas de gestión de riesgos para proteger las inversiones y lograr el éxito financiero a largo plazo se vuelve crucial. Las estrategias de gestión de riesgos tienen como objetivo identificar, evaluar y mitigar los riesgos potenciales, lo que permite a los inversores tomar decisiones informadas y salvaguardar sus carteras. En esta sección, exploraremos la importancia de desarrollar estrategias de gestión de riesgos, analizaremos varios tipos de riesgos encontrados en la inversión, examinaremos las técnicas populares de gestión de riesgos y destacaremos la importancia de la gestión proactiva de riesgos para mitigar las pérdidas potenciales y maximizar los rendimientos de la inversión.

El riesgo de mercado se refiere a las pérdidas potenciales derivadas de las fluctuaciones generales del mercado, incluidos los factores económicos, los acontecimientos geopolíticos y el sentimiento general de los inversores. Comprender el riesgo de mercado es esencial para gestionar el impacto de los movimientos generales del mercado en las carteras de inversión.

El riesgo de crédito se refiere a la posibilidad de pérdidas resultantes de la incapacidad de los prestatarios o contrapartes para cumplir con sus obligaciones financieras. La evaluación del riesgo crediticio implica evaluar la solvencia y la salud financiera de individuos, empresas o gobiernos.

El riesgo de liquidez surge cuando una inversión solo se puede comprar o vender rápidamente con un impacto significativo en su precio. Los inversores deben tener en cuenta la liquidez de sus inversiones para garantizar la posibilidad de acceder a los fondos cuando sea necesario.

El riesgo operativo abarca los riesgos asociados con los procesos internos, los sistemas y los factores humanos dentro de las organizaciones. Algunos ejemplos son los errores, el fraude o las interrupciones en las operaciones comerciales que pueden afectar al rendimiento de la inversión.

El proceso de diversificación de inversiones entre varios tipos de activos, como acciones, bonos y bienes raíces, se conoce como asignación de activos. Al asignar las inversiones estratégicamente, los inversores pueden mitigar el riesgo a través de la diversificación y reducir potencialmente el impacto de las pérdidas en cualquier clase de activos.

La diversificación implica la distribución de las inversiones dentro de una clase de activos o sector. Invertir en diversos valores o activos puede reducir la exposición a riesgos específicos y, potencialmente, lograr una cartera más estable y equilibrada.

Llevar a cabo evaluaciones y análisis de riesgos exhaustivos es crucial para identificar y comprender los riesgos potenciales. Los inversores pueden evaluar el perfil de riesgo-recompensa de las inversiones, evaluar su tolerancia al riesgo y tomar decisiones informadas basadas en evaluaciones de riesgo.

La implementación de órdenes de stop-loss permite a los inversores vender automáticamente una inversión si su precio cae a un nivel predeterminado. Esta técnica ayuda a limitar las pérdidas potenciales y protege contra disminuciones significativas en el valor de la inversión.

La gestión proactiva de riesgos ayuda a preservar el capital mediante la identificación y mitigación de riesgos potenciales. Al implementar estrategias de gestión de riesgos, los inversores tienen como objetivo proteger sus inversiones de pérdidas significativas y mantener el valor de sus carteras.

La volatilidad es una característica natural de los mercados financieros. Las técnicas proactivas de gestión de riesgos ayudan a gestionar la volatilidad minimizando el impacto de las fluctuaciones del mercado en las carteras de inversión. Este enfoque ayuda a los inversores a navegar a través de condiciones turbulentas del mercado con una mayor resiliencia.

Las emociones pueden influir en las decisiones de inversión, lo que a menudo conduce a un comportamiento irracional y a resultados potencialmente perjudiciales. Las estrategias proactivas de gestión de riesgos ayudan a los inversores a mantener la disciplina, a centrarse en los objetivos a largo plazo y a evitar tomar decisiones impulsivas impulsadas por las fluctuaciones del mercado a corto plazo.

Los inversores en acciones y acciones pueden emplear técnicas de gestión de riesgos, como la diversificación de su cartera, el establecimiento de órdenes de stop-loss y la realización de un análisis fundamental y técnico exhaustivo antes de invertir.

La evaluación de la calidad crediticia, la diversificación entre emisores y tipos de bonos, y el seguimiento de los cambios en los tipos de interés y las condiciones económicas son algunas de las medidas de gestión del riesgo de los bonos y los activos de renta fija.

La gestión de riesgos en el sector inmobiliario implica la realización de la debida diligencia en las propiedades, la evaluación de las condiciones del mercado, la diversificación de las inversiones en diferentes tipos de propiedades y la consideración de factores como la ubicación, los ingresos por alquiler y la posible revalorización.

El desarrollo de estrategias eficaces de gestión de riesgos es crucial para proteger las inversiones, gestionar la volatilidad y lograr el éxito financiero a largo plazo. Comprender los tipos de riesgos que conlleva la inversión, emplear técnicas de gestión de riesgos como la asignación y diversificación de activos, y realizar evaluaciones de riesgos exhaustivas contribuyen a mitigar las pérdidas potenciales y optimizar los rendimientos de las inversiones. La gestión proactiva del riesgo ayuda a los inversores a preservar el capital, gestionar la volatilidad y tomar decisiones de inversión racionales minimizando el sesgo emocional. La implementación de estrategias de gestión de riesgos en diversos vehículos de inversión, como acciones, bonos y bienes raíces, mejora la estabilidad general y el rendimiento de las carteras. Al priorizar la gestión de riesgos e incorporarla a su enfoque de inversión, las personas pueden navegar por las incertidumbres de los mercados financieros con mayor confianza y aumentar la probabilidad de alcanzar sus objetivos de inversión.

Mantenerse informado y actualizado con las tendencias y noticias del mercado

En el mundo acelerado y en constante evolución de los mercados financieros, mantenerse informado y actualizado con las tendencias y noticias del mercado es esencial para invertir con éxito. Las tendencias del mercado, los indicadores económicos y las noticias de última hora pueden afectar significativamente a las decisiones de inversión, al rendimiento de los activos y a la gestión general de la cartera. Los inversores obtienen información valiosa, toman decisiones bien informadas y adaptan sus estrategias a las condiciones cambiantes del mercado manteniéndose informados. En esta sección, exploraremos la importancia de mantenerse informado y actualizado con las tendencias y noticias del mercado, discutiremos varias fuentes de información del mercado, examinaremos estrategias para un consumo efectivo de noticias, destacaremos la importancia del análisis y la interpretación, y subrayaremos el papel de mantenerse informado para lograr el éxito de la inversión.

Las tendencias del mercado proporcionan información sobre la dirección general y el sentimiento de los mercados financieros. Al identificar y comprender las tendencias del mercado, los inversores pueden descubrir posibles oportunidades de inversión y alinear sus estrategias con las condiciones imperantes en el mercado.

Los indicadores económicos, como el crecimiento del PIB, las tasas de inflación y las cifras de desempleo, ofrecen información crucial sobre la salud y la estabilidad de las economías. El seguimiento de los indicadores económicos ayuda a los inversores a medir la dinámica del mercado y a tomar decisiones de inversión informadas.

Las noticias de última hora, como los acontecimientos geopolíticos, los anuncios corporativos o los cambios normativos, pueden tener un impacto significativo en los mercados financieros. El conocimiento de estas noticias permite a los inversores responder con prontitud y adaptar sus estrategias en consecuencia.

Los medios de comunicación de noticias financieras, tanto tradicionales (por ejemplo, periódicos, televisión) como digitales (por ejemplo, sitios web de noticias financieras, publicaciones en línea), ofrecen una cobertura completa de las tendencias del mercado, los indicadores económicos y las noticias de última hora. Estas fuentes proporcionan una amplia gama de información financiera y análisis de expertos.

Los informes de investigación de mercado, preparados por instituciones financieras y empresas de investigación de renombre, proporcionan un análisis en profundidad de diversos sectores, industrias y oportunidades de inversión. Estos informes ofrecen información valiosa sobre las tendencias del mercado, las tecnologías emergentes y los riesgos potenciales.

Las empresas que cotizan en bolsa deben divulgar información, incluidos los estados financieros, los informes anuales y las presentaciones regulatorias. El análisis de estas divulgaciones ayuda a los inversores a comprender la salud financiera, el rendimiento y las perspectivas futuras de una empresa.

Interactuar con asesores profesionales, como asesores financieros o analistas de inversiones, puede proporcionar información y recomendaciones personalizadas basadas en su experiencia y conocimiento del mercado. Estos profesionales pueden ofrecer orientación personalizada y ayudar a interpretar las tendencias y noticias del mercado.

Confiar en múltiples fuentes de información ayuda a los inversores a obtener una perspectiva más amplia y reducir el riesgo de sesgos o puntos de vista limitados. La diversificación de las fuentes garantiza el acceso a diversos puntos de vista y una comprensión más profunda de las noticias y las tendencias del mercado.

Es esencial priorizar las fuentes de información confiables y de buena reputación. Establecer la credibilidad y confiabilidad de las fuentes ayuda a garantizar la precisión y la calidad de la información recibida, minimizando el riesgo de información errónea o informes sesgados.

Los inversores deben definir qué información es relevante para sus estrategias y objetivos de inversión. Centrarse en sectores, industrias o clases de activos específicos permite un enfoque específico del consumo de noticias, filtrando el ruido irrelevante y permitiendo una toma de decisiones más eficiente.

La búsqueda activa de opiniones y puntos de vista contrastantes ayuda a los inversores a desafiar sus propias suposiciones y prejuicios. Tener en cuenta las diferentes perspectivas proporciona una comprensión más completa de las tendencias del mercado y los riesgos potenciales, lo que fomenta un enfoque de inversión más completo.

El análisis fundamental implica evaluar el valor intrínseco de las inversiones en función de factores como los estados financieros, las tendencias de la industria y el panorama competitivo. El análisis técnico se centra en el análisis de patrones de precios e indicadores de mercado para pronosticar futuros movimientos de precios. La combinación de ambos enfoques ayuda a los inversores a tomar decisiones informadas basadas en las tendencias integrales del mercado y la evaluación de las noticias.

Mantenerse informado sobre las tendencias y noticias del mercado permite a los inversores evaluar el impacto potencial en sus inversiones. Evaluar la correlación entre las noticias y las clases de activos ayuda a los inversores a identificar oportunidades, gestionar riesgos y ajustar sus carteras de forma adecuada.

Distinguir entre las tendencias a largo plazo y el ruido a corto plazo es crucial. Si bien las fluctuaciones del mercado a corto plazo y los eventos noticiosos pueden crear volatilidad, las tendencias a largo plazo proporcionan una indicación más confiable de la dirección del mercado. Los inversores deberían centrarse en las tendencias duraderas en lugar de reaccionar al ruido del mercado a corto plazo.

Mantenerse informado equipa a los inversores con el conocimiento necesario para tomar decisiones de inversión informadas. Al comprender las tendencias del mercado, los indicadores económicos y las noticias de última hora, los inversores pueden evaluar los riesgos, identificar oportunidades y alinear sus estrategias con las condiciones del mercado.

Los mercados financieros son dinámicos y están sujetos a cambios constantes. Mantenerse informado permite a los inversores adaptar sus estrategias y carteras en respuesta a la evolución de las condiciones del mercado, los cambios normativos, los avances tecnológicos o los acontecimientos geopolíticos.

La gestión eficaz del riesgo es la piedra angular del éxito de la inversión. Mantenerse informado ayuda a los inversores a identificar riesgos potenciales, monitorear las condiciones del mercado y tomar las medidas adecuadas para mitigar las pérdidas y proteger sus carteras.

Mantenerse informado y actualizado con las tendencias y noticias del mercado es fundamental para invertir con éxito. Las tendencias del mercado, los indicadores económicos y las noticias de última hora proporcionan información valiosa que guía las decisiones de inversión, permite respuestas oportunas a las oportunidades y los riesgos, y fomenta estrategias adaptativas. La utilización de una variedad de fuentes confiables, la diversificación de la información y la participación en análisis críticos son vitales para un consumo efectivo de noticias. Al interpretar las tendencias y noticias del mercado, los inversores pueden tomar decisiones informadas, gestionar los riesgos y optimizar sus carteras. Mantenerse informado es esencial para lograr el éxito de la inversión y permite a las personas navegar con confianza por el complejo y cambiante mundo de los mercados financieros.

CAPÍTULO VIII

Superar los sesgos emocionales

Sesgos psicológicos comunes en la inversión en criptomonedas

La dinámica del mercado y los sesgos psicológicos inherentes a la toma de decisiones humanas influyen en la inversión en criptomonedas. Comprender estos sesgos es crucial para que los inversores tomen decisiones racionales e informadas en criptomonedas. Los sesgos psicológicos pueden conducir a errores cognitivos, lo que hace que los inversores se desvíen del análisis lógico y tomen decisiones de inversión irracionales. Esta sección explorará los sesgos psicológicos comunes en la inversión en criptomonedas, discutirá su impacto en la toma de decisiones, examinará ejemplos de trampas cognitivas en el mercado de criptomonedas y destacará estrategias para superar estos sesgos y tomar decisiones de inversión más objetivas.

El sesgo de confirmación se refiere a la búsqueda de información que confirme creencias o sesgos preexistentes sin tener en cuenta las pruebas contradictorias. En la inversión en criptomonedas, los inversores pueden centrarse selectivamente en noticias u opiniones que respalden su perspectiva positiva o negativa sobre una moneda en particular o el mercado en su conjunto.

La mentalidad de rebaño, también conocida como el efecto bandwagon, ocurre cuando los individuos siguen a la multitud y toman decisiones de inversión basadas en las acciones de los demás. En el mercado de las criptomonedas, la mentalidad de rebaño puede llevar a decisiones irracionales de compra o venta impulsadas por el miedo a perderse algo (FOMO) o el miedo a las pérdidas.

El sesgo de sobreconfianza implica que las personas sobreestimen sus propias capacidades y subestimen los riesgos asociados con sus inversiones. En el mercado de las criptomonedas, el sesgo de exceso de confianza puede llevar a asumir riesgos excesivos, ignorar la gestión adecuada del riesgo y sobreestimar la precisión de las predicciones.

La tendencia de las personas a priorizar evitar pérdidas en lugar de lograr ganancias similares se conoce como sesgo de aversión a las pérdidas. En la inversión en criptomonedas, la aversión a las pérdidas puede llevar a mantener posiciones perdedoras durante demasiado tiempo, con la esperanza de una reversión, en lugar de reducir las pérdidas y reasignar el capital a inversiones más prometedoras.

Los sesgos psicológicos pueden distorsionar la percepción de la información de un inversor, lo que lleva a la atención, la interpretación y la memoria selectivas. Este sesgo puede impedir que los inversores consideren una amplia gama de conocimientos y puede obstaculizar su capacidad para tomar decisiones de inversión completas.

Los sesgos psicológicos pueden llevar a decisiones irracionales de compra y venta. Los inversores pueden verse influenciados por las tendencias del mercado a corto plazo, la exageración de los medios de comunicación y también por el miedo a perderse algo, lo que puede dar lugar a decisiones impulsivas que no están respaldadas por un análisis exhaustivo y la diligencia debida.

Los sesgos psicológicos pueden nublar el juicio de un inversor a la hora de evaluar el riesgo. El sesgo de exceso de confianza, por ejemplo, puede llevar a los inversores a subestimar los riesgos asociados con las criptomonedas volátiles, lo que resulta en una exposición excesiva a posibles pérdidas.

Los sesgos psicológicos pueden hacer que los inversores tomen decisiones impulsadas por las emociones en lugar de por un análisis racional. El miedo, la codicia y la emoción pueden conducir a acciones impulsivas, como las ventas de pánico durante las caídas del mercado o las compras impulsadas por FOMO en el pico de una burbuja.

El FOMO puede llevar a los inversores a tomar decisiones de compra apresuradas cuando los precios se disparan, impulsados por el miedo a perder posibles ganancias. Por el contrario, las decisiones basadas en el miedo pueden conducir a ventas de pánico durante las recesiones del mercado, lo que a menudo resulta en pérdidas.

El sesgo de anclaje se produce cuando los inversores se fijan en niveles de precios específicos o en datos históricos como puntos de referencia para la toma de decisiones. Los inversores pueden depender en gran medida de un punto de precio concreto para determinar sus estrategias de entrada o salida, sin tener en cuenta la información actualizada o las condiciones del mercado.

A la hora de tomar decisiones de inversión, se tiende a dar más peso a los acontecimientos recientes o a los movimientos del mercado, lo que se conoce como sesgo de actualidad. Los inversores pueden estar demasiado influenciados por el rendimiento pasado inmediato de una criptomoneda, pasando por alto la importancia de las tendencias a largo plazo y el análisis fundamental.

La falacia del jugador ocurre cuando los inversores creen que los eventos o patrones pasados influirán en los resultados futuros en un mercado aleatorio. Este sesgo puede llevar a suposiciones incorrectas y decisiones de inversión equivocadas basadas en la creencia de que el precio de una criptomoneda volverá a un patrón anterior.

Los inversores deben informarse sobre los sesgos psicológicos comunes y reflexionar regularmente sobre sus propios procesos de toma de decisiones. La autoconciencia puede ayudar a identificar momentos de sesgo y facilitar un pensamiento más objetivo.

La debida diligencia y la investigación exhaustivas son cruciales para contrarrestar los sesgos. Los inversores deben recopilar información de diversas fuentes, desafiar sus propias creencias y considerar múltiples perspectivas antes de tomar decisiones de inversión.

Establecer criterios de inversión claros basados en el análisis fundamental, la evaluación de riesgos y los objetivos de inversión personales puede ayudar a anclar la toma de decisiones en factores objetivos en lugar de sesgos subjetivos.

Un plan de inversión bien definido, que incluya puntos de entrada y salida predeterminados, puede ayudar a los inversores a evitar decisiones impulsivas impulsadas por las emociones. Seguir un plan ayuda a mantener la disciplina y reducir el impacto de los prejuicios.

Los sesgos psicológicos plantean desafíos significativos en la inversión en criptomonedas, lo que puede conducir a una toma de decisiones irracional y resultados de inversión adversos. Comprender los sesgos comunes, como el sesgo de confirmación, la mentalidad de rebaño, el sesgo de exceso de confianza y la aversión a la pérdida, es esencial para que los inversores naveguen con éxito por el mercado de criptomonedas. Al reconocer el impacto de los sesgos en la toma de decisiones, los inversores pueden emplear estrategias para mitigar su influencia. La educación, el autoconocimiento, la diligencia debida y el desarrollo de criterios y planes de inversión claros desempeñan un papel fundamental en la superación de los sesgos y la toma de decisiones de inversión más objetivas. Al adoptar estas estrategias, los inversores pueden mejorar su capacidad para mantenerse racionales, tomar decisiones informadas y lograr el éxito a largo plazo en el mundo dinámico y en evolución de la inversión en criptomonedas.

Estrategias para superar el miedo, la codicia y el FOMO (miedo a perderse algo)

El miedo, la codicia y el miedo a perderse algo (FOMO) son emociones comunes que pueden afectar significativamente la toma de decisiones de inversión. Estos factores psicológicos a menudo llevan a los inversores a tomar decisiones irracionales, desviándose del análisis racional y de las estrategias de inversión a largo plazo. Superar el miedo, la codicia y el FOMO es esencial para lograr una toma de decisiones racional y maximizar el éxito de la inversión. Esta sección explorará estrategias para superar estas emociones en la inversión, discutirá el impacto del miedo, la codicia y el FOMO en las decisiones de inversión, examinará las consecuencias de sucumbir a estas emociones y destacará las técnicas para cultivar un enfoque disciplinado y racional de la inversión.

El miedo es una emoción poderosa que paraliza a los inversores y dificulta su proceso de toma de decisiones. Puede manifestarse como un miedo a la pérdida, a cometer errores o a lo desconocido. Estos temores a menudo llevan a los inversores a tomar decisiones irracionales basadas en las fluctuaciones del mercado a corto plazo en lugar de en los fundamentos de inversión a largo plazo.

La codicia es un fuerte deseo de ganancias excesivas y puede llevar a los inversores a asumir un riesgo excesivo o a participar en un comportamiento especulativo. La codicia a menudo ciega a los inversores ante las posibles desventajas y fomenta la búsqueda de altos rendimientos sin una evaluación de riesgos adecuada.

FOMO es el miedo a perderse posibles ganancias u oportunidades de inversión. Surge del deseo de participar en las tendencias del mercado y puede hacer que los inversores tomen decisiones impulsivas impulsadas por el miedo a quedarse atrás. El FOMO a menudo resulta en la entrada de posiciones a precios inflados, lo que aumenta el riesgo de pérdidas.

El miedo, la codicia y el FOMO pueden conducir a la toma de decisiones emocionales, lo que hace que los inversores actúen impulsivamente sin tener en cuenta las consecuencias a largo plazo. La toma de decisiones emocionales a menudo necesita prestar más atención a un análisis exhaustivo y un juicio racional, lo que lleva a resultados de inversión subóptimos.

El miedo, la codicia y el FOMO llevan a los inversores a centrarse en las tendencias del mercado a corto plazo y en las ganancias inmediatas. Este enfoque a corto plazo puede llevar a descuidar una gestión adecuada del riesgo, ignorar los fundamentos a largo plazo y perder oportunidades de inversión sostenible.

El miedo, la codicia y el FOMO contribuyen a la mentalidad de rebaño, en la que los inversores siguen ciegamente a la multitud sin realizar un análisis independiente. El comportamiento de rebaño puede dar lugar a la formación de burbujas de inversión o pánicos, lo que lleva a movimientos exagerados del mercado.

El miedo, la codicia y el FOMO pueden hacer que los inversores se involucren en operaciones impulsivas, comprando o vendiendo inversiones con frecuencia basándose en desencadenantes emocionales en lugar de un análisis razonado. El trading impulsivo a menudo aumenta los costos de transacción, el momento subóptimo y la reducción del rendimiento de la cartera.

Es crucial informarse sobre los principios de inversión, los ciclos del mercado y el impacto de las emociones en la toma de decisiones. Desarrollar la conciencia de los sesgos personales y los desencadenantes emocionales permite a los inversores reconocer y abordar el miedo, la codicia y el FOMO en su proceso de toma de decisiones.

Establecer objetivos de inversión realistas y comprender la tolerancia personal al riesgo ayuda a alinear las decisiones de inversión con los objetivos a largo plazo. Al definir objetivos y parámetros de riesgo claros, los inversores pueden evitar perseguir rendimientos poco realistas y mantener un enfoque disciplinado de la inversión.

Desarrollar un plan de inversión bien definido, que incluya puntos de entrada y salida predeterminados, ayuda a contrarrestar la toma de decisiones impulsivas. Seguir un plan proporciona estructura y disciplina, reduciendo la influencia del miedo, la codicia y el FOMO en las decisiones de inversión.

Hacer hincapié en una perspectiva a largo plazo ayuda a los inversores a evitar quedar atrapados en las fluctuaciones y tendencias del mercado a corto plazo. Entender que invertir es un maratón, no un sprint, permite centrarse en el análisis fundamental y en las estrategias de inversión sostenible.

La investigación y el análisis exhaustivos brindan a los inversores la información necesaria para tomar decisiones informadas. La investigación diligente ayuda a evaluar las oportunidades de inversión en función de los fundamentos en lugar de los impulsos emocionales.

La implementación de estrategias de gestión de riesgos, como la diversificación y el establecimiento de órdenes de stop-loss, ayuda a mitigar el impacto del miedo, la codicia y el FOMO. Estas estrategias proporcionan un enfoque sistemático para gestionar el riesgo y reducir los sesgos emocionales.

Sucumbir al miedo, la codicia y el FOMO a menudo resulta en una mayor exposición al riesgo debido al comercio impulsivo o al comportamiento especulativo. Este mayor riesgo puede provocar pérdidas sustanciales y afectar negativamente a las carteras de inversión.

La toma de decisiones impulsada por las emociones puede hacer que los inversores pierdan oportunidades de inversión potencialmente rentables. Centrarse en las ganancias a corto plazo o sucumbir al

FOMO puede hacer que los inversores pasen por alto inversiones sólidas a largo plazo, lo que limita sus rendimientos potenciales.

Tomar decisiones de inversión basadas en el miedo, la codicia o el FOMO puede conducir a un rendimiento deficiente de la cartera. Los sesgos emocionales pueden dar lugar a puntos de entrada y salida subóptimos, a una gestión inadecuada del riesgo y a una falta de disciplina, lo que en última instancia dificulta el éxito de la inversión a largo plazo.

Superar el miedo, la codicia y el FOMO es esencial para la toma de decisiones racionales en la inversión. Comprender el impacto de estas emociones en las decisiones de inversión y sus consecuencias permite a los inversores cultivar un enfoque disciplinado y objetivo de la inversión. Al emplear estrategias como la educación, el establecimiento de objetivos, el seguimiento de un plan de inversión, el énfasis en una perspectiva a largo plazo, la realización de una investigación exhaustiva y la implementación de la gestión de riesgos, los inversores pueden mitigar la influencia del miedo, la codicia y el FOMO. Superar estos sesgos emocionales permite tomar decisiones de inversión más racionales e informadas, lo que aumenta las posibilidades de éxito de la inversión a largo plazo y el logro de objetivos financieros.

Desarrollar una mentalidad de inversión disciplinada y racional

Desarrollar una mentalidad de inversión disciplinada y racional es crucial para lograr el éxito financiero a largo plazo. En el dinámico y a menudo impredecible mundo de las inversiones, las emociones, los sesgos y la toma de decisiones impulsiva pueden obstaculizar la toma de decisiones de los inversores. Una mentalidad disciplinada y racional permite a los inversores mantenerse centrados en sus objetivos a largo plazo, tomar decisiones informadas basadas en un análisis exhaustivo y navegar por las fluctuaciones del mercado con resiliencia. En esta sección, exploraremos la importancia de una mentalidad de inversión disciplinada y racional, analizaremos los desafíos a los que se enfrentan los inversores, examinaremos los componentes clave del desarrollo de dicha mentalidad y destacaremos las estrategias para cultivar la disciplina, la racionalidad y la resiliencia frente a la volatilidad del mercado.

Las emociones, como el miedo, la codicia y la impaciencia, pueden nublar el juicio y llevar a decisiones de inversión irracionales. Una mentalidad disciplinada y racional permite a los inversores superar estos sesgos emocionales y tomar decisiones basadas en análisis objetivos y metas a largo plazo.

El comportamiento impulsivo, impulsado por el ruido del mercado o los movimientos del mercado a corto plazo, puede dar lugar a resultados de inversión subóptimos. Una mentalidad disciplinada y racional ayuda a los inversores a resistir el comportamiento impulsivo, a mantenerse centrados en su plan de inversión y a mantener una perspectiva a largo plazo.

Los mercados financieros están sujetos a la volatilidad y las fluctuaciones pueden desencadenar respuestas emocionales. Una mentalidad disciplinada y racional permite a los inversores navegar por los altibajos del mercado con resiliencia, tomando decisiones informadas en lugar de reaccionar impulsivamente a las fluctuaciones a corto plazo.

Los sesgos psicológicos, como el sesgo de confirmación y la mentalidad de rebaño, pueden nublar el pensamiento racional y conducir a decisiones de inversión irracionales. Los desencadenantes emocionales, como el miedo a perderse algo o el deseo de obtener ganancias rápidas, también pueden descarrilar una mentalidad disciplinada.

El atractivo de las ganancias a corto plazo a menudo tienta a los inversores a desviarse de los planes de inversión a largo plazo. Sucumbir al enfoque a corto plazo puede dar lugar a decisiones impulsivas de compra o venta basadas en tendencias transitorias del mercado en lugar de en un análisis fundamental.

La abundancia de noticias, opiniones y datos financieros puede abrumar a los inversores y contribuir a la parálisis de las decisiones o a las acciones impulsivas. Filtrar el ruido y centrarse en la información relevante es esencial para mantener una mentalidad de inversión disciplinada y racional.

La definición de objetivos de inversión claros y la creación de un plan bien pensado proporcionan una base para una inversión disciplinada. Los objetivos claros ayudan a los inversores a mantenerse centrados y alineados con sus objetivos a largo plazo, mientras que un plan integral describe las estrategias y los pasos para alcanzar esos objetivos.

Una mentalidad disciplinada y racional es esencial para una gestión eficaz de los riesgos. La evaluación y gestión del riesgo permite a los inversores tomar decisiones informadas basadas en su tolerancia al riesgo, lo que garantiza que las pérdidas potenciales estén controladas y diversificadas.

La investigación y el análisis diligentes son esenciales para tomar decisiones de inversión informadas. La realización de análisis fundamentales y técnicos, la evaluación de las finanzas de la empresa y la evaluación de las tendencias del mercado ayudan a los inversores a construir una base sólida de conocimientos y a tomar decisiones racionales.

Desarrollar la paciencia y mantener una perspectiva a largo plazo son cruciales para una mentalidad de inversión disciplinada y racional. Reconocer que el éxito de la inversión lleva tiempo y que las fluctuaciones del mercado a corto plazo son parte del viaje ayuda a los inversores a evitar el comportamiento impulsivo y a mantenerse centrados en sus objetivos a largo plazo.

El panorama de la inversión evoluciona y los inversores deben aprender, adaptarse y perfeccionar continuamente sus estrategias. Un compromiso con la educación continua y mantenerse al tanto de los desarrollos del mercado garantiza que los inversores puedan tomar decisiones racionales basadas en la información más actualizada.

Desarrollar la autoconciencia ayuda a los inversores a reconocer sus desencadenantes emocionales y sus prejuicios. El empleo de técnicas como la atención plena, escribir un diario o buscar orientación profesional puede ayudar a manejar las emociones y mantener una mentalidad disciplinada.

Crear una rutina estructurada y adherirse a ella cultiva la disciplina en la toma de decisiones de inversión. Revisar y evaluar regularmente las inversiones, reservar tiempo dedicado a la investigación y ceñirse a un plan de inversión ayuda a desarrollar la disciplina y reducir el comportamiento impulsivo.

Establecer expectativas realistas es importante para mantener una mentalidad racional. Los inversores deben entender que invertir implica tanto altibajos como altibajos y que los rendimientos constantes son más valiosos que las ganancias inesperadas a corto plazo. Las expectativas realistas ayudan a los inversores a mantenerse centrados en sus objetivos a largo plazo y a evitar sucumbir a un comportamiento irracional.

Rodearse de una red de inversores con ideas afines o unirse a comunidades de inversión fomenta una mentalidad disciplinada y racional. Participar en discusiones, compartir ideas y aprender de inversores experimentados ayuda a reforzar la disciplina y la toma de decisiones racionales.

Evaluar regularmente el rendimiento de las inversiones, revisar las estrategias de inversión y hacer los ajustes necesarios es esencial para mantener una mentalidad disciplinada y racional. Reconocer la necesidad de corregir el rumbo sobre la base de un análisis objetivo garantiza que las decisiones de inversión permanezcan alineadas con los objetivos a largo plazo.

Desarrollar una mentalidad de inversión disciplinada y racional es fundamental para el éxito de la inversión a largo plazo. Superar los sesgos emocionales, mitigar el comportamiento impulsivo y navegar por la volatilidad del mercado requiere disciplina, racionalidad y resiliencia. Los inversores pueden cultivar una mentalidad disciplinada y racional estableciendo objetivos claros, implementando estrategias de gestión de riesgos, realizando una investigación exhaustiva y manteniendo una perspectiva a largo plazo. Técnicas como el autoconocimiento, la rutina y la disciplina, el establecimiento de expectativas realistas, la creación de una red de inversores con ideas afines y la evaluación periódica ayudan a reforzar esta mentalidad. Invertir con disciplina y racionalidad permite a las personas tomar decisiones informadas, mantenerse enfocadas en objetivos a largo plazo y navegar por las complejidades de los mercados financieros con confianza, lo que lleva a un potencial más significativo para el éxito financiero a largo plazo.

CAPÍTULO IX

Tendencias y
oportunidades futuras

Tendencias emergentes en el mercado de las criptomonedas

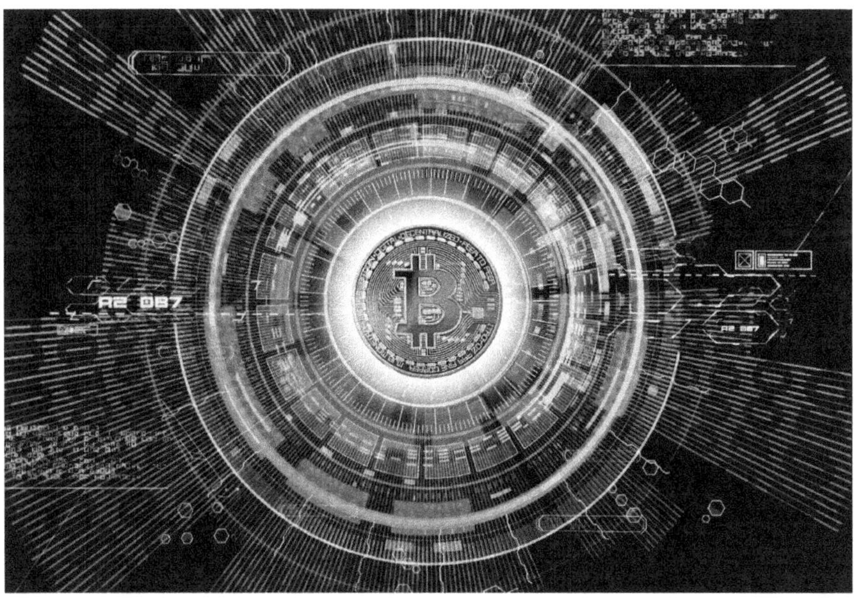

El mercado de las criptomonedas sigue evolucionando rápidamente, con nuevas tendencias y desarrollos que remodelan el panorama de los activos digitales. Las tendencias emergentes en el mercado de las criptomonedas ofrecen oportunidades y desafíos emocionantes para los inversores, comerciantes y entusiastas. Mantenerse informado sobre estas tendencias es esencial para comprender la dinámica del mercado y tomar decisiones de inversión bien informadas. En esta sección, exploraremos algunas tendencias emergentes clave en el mercado de criptomonedas, examinaremos su impacto en la industria, discutiremos sus posibles beneficios y riesgos, y destacaremos las estrategias para navegar por estas tendencias en evolución.

Las finanzas descentralizadas, o DeFi, se refieren al uso de la tecnología cadena de bloques y los contratos inteligentes para recrear los sistemas y servicios financieros tradicionales de manera descentralizada. Las aplicaciones DeFi ofrecen préstamos, préstamos, intercambios descentralizados y servicios de yield farming, lo que proporciona a las personas una mayor inclusión financiera, transparencia y control sobre sus activos.

DeFi presenta varios beneficios, incluidos costos de transacción más bajos, tiempos de liquidación más rápidos, mayor privacidad y acceso a servicios financieros para poblaciones no bancarizadas. También permite a las personas participar en diversas oportunidades de inversión, como la provisión de liquidez y la agricultura de rendimiento, lo que puede generar mayores rendimientos.

Si bien DeFi ofrece oportunidades emocionantes, también conlleva riesgos y desafíos. Las vulnerabilidades de los contratos inteligentes, las incertidumbres regulatorias y los posibles incidentes de piratería representan riesgos para los fondos de los inversores. Además, el rápido crecimiento y la innovación en el espacio DeFi pueden dar lugar a la aparición de proyectos arriesgados o fraudulentos, lo que requiere una cuidadosa diligencia debida.

Los tokens no fungibles, o NFT, son activos digitales únicos que representan una prueba de autenticidad o propiedad de un artículo o contenido específico. Los NFT han ganado una gran popularidad en diversos sectores, como el arte, los juegos, los coleccionables y los bienes raíces virtuales.

Los NFT brindan a los creadores y artistas nuevas vías de monetización, lo que les permite tokenizar su trabajo y venderlo directamente a los compradores. Los NFT también ofrecen oportunidades potenciales de liquidez y propiedad fraccionada, lo que permite a los inversores participar en la apreciación del valor de los activos digitales.

Los NFT se enfrentan a retos como la infracción de los derechos de autor, la volatilidad del mercado y la preocupación por el impacto medioambiental de la tecnología cadena de bloques. También existe el riesgo de una burbuja de mercado, en la que los precios de ciertos NFT pueden desconectarse de su valor subyacente, lo que puede provocar pérdidas potenciales para los inversores.

Las monedas digitales de los bancos centrales (CBDC) son formas digitales de monedas fiduciarias nacionales emitidas por los bancos centrales. A diferencia de las criptomonedas, las CBDC están controladas y reguladas por autoridades centrales, con el objetivo de proporcionar sistemas de pago digital eficientes y seguros.

Las CBDC ofrecen beneficios potenciales, como transacciones transfronterizas más rápidas y baratas, inclusión financiera para las poblaciones no bancarizadas y una mejor trazabilidad y seguridad de las transacciones. Las CBDC también pueden mejorar la implementación de la política monetaria y la recopilación de datos para los bancos centrales.

Las CBDC se enfrentan a retos relacionados con la privacidad, la posible concentración de poder y el impacto en los sistemas bancarios tradicionales. La implementación exitosa de las CBDC requiere una cuidadosa consideración de los marcos regulatorios, la infraestructura tecnológica y la confianza pública en los bancos centrales.

El consumo de energía asociado a la minería de criptomonedas, en particular para los algoritmos de consenso de prueba de trabajo, ha suscitado preocupaciones sobre el impacto medioambiental. La industria está explorando alternativas más sostenibles, como los mecanismos de consenso proof-of-stake, para reducir el consumo de energía.

Están surgiendo varios proyectos e iniciativas para abordar el impacto ambiental de las criptomonedas. Las iniciativas de compensación de carbono y el uso de fuentes de energía renovables para las operaciones mineras tienen como objetivo mitigar la huella de carbono asociada con las transacciones de criptomonedas.

A medida que crece el mercado de las criptomonedas, los reguladores de todo el mundo están prestando más atención a la industria. Los gobiernos están implementando marcos regulatorios para abordar la protección de los inversionistas, el lavado de dinero, el cumplimiento tributario y las preocupaciones sobre la estabilidad del mercado.

Los desarrollos regulatorios pueden tener un impacto significativo en el mercado de criptomonedas, incluidos los cambios en las prácticas comerciales, los requisitos de cumplimiento y el acceso al mercado. Los inversores deben mantenerse informados sobre la evolución de la normativa y adaptar sus estrategias para cumplir con los requisitos legales.

Mantenerse al día con las tendencias emergentes requiere una investigación continua y la diligencia debida. Los inversores deben investigar a fondo los nuevos proyectos, tecnologías y desarrollos del mercado para evaluar sus posibles beneficios, riesgos y viabilidad a largo plazo.

Diversificar las carteras de inversión en diferentes criptomonedas, sectores y tendencias emergentes puede ayudar a mitigar el riesgo. Al navegar por las tendencias emergentes, implementar estrategias sólidas de gestión de riesgos, como establecer límites de asignación y utilizar órdenes de stop-loss.

Mantener una perspectiva a largo plazo es crucial a la hora de invertir en tendencias emergentes. La volatilidad y las incertidumbres son inherentes a las tecnologías y tendencias incipientes, lo que requiere paciencia y un enfoque en la creación de valor a largo plazo en lugar de los movimientos de precios a corto plazo.

Mantenerse informado sobre las últimas noticias de la industria, los desarrollos del mercado y las actualizaciones regulatorias es vital para navegar con éxito por las tendencias emergentes. Ser adaptable y estar abierto a ajustar las estrategias de inversión en función de la nueva información garantiza que los inversores puedan capitalizar las oportunidades en evolución.

El mercado de las criptomonedas sigue evolucionando, presentando a los inversores tendencias emergentes que ofrecen oportunidades y desafíos. Comprender y navegar por estas tendencias requiere un enfoque disciplinado e informado. Al mantenerse informados sobre tendencias como DeFi, NFT, CBDC, consideraciones ambientales y desarrollos regulatorios, los inversores pueden capitalizar las oportunidades emergentes mientras gestionan los riesgos asociados. Realizar una investigación exhaustiva, diversificar las carteras, mantener una perspectiva a largo plazo y mantenerse adaptable son estrategias clave para navegar por el dinámico y cambiante mercado de las criptomonedas. Al adoptar estas estrategias, los inversores pueden aprovechar el potencial de las tendencias emergentes y participar en el poder transformador de los activos digitales.

Impacto potencial de la tecnología cadena de bloques en diversas industrias

La tecnología cadena de bloques se ha convertido en una fuerza transformadora con el potencial de revolucionar varias industrias en todo el mundo. Sus características únicas de descentralización, inmutabilidad y transparencia ofrecen un nuevo paradigma para registrar, verificar y compartir información de forma segura. En esta sección, exploraremos el impacto potencial de la tecnología cadena de bloques en diversas industrias, examinando cómo puede mejorar los procesos, reducir los costos, aumentar la eficiencia y fomentar la confianza. Al profundizar en casos de uso del mundo real y discutir los beneficios y desafíos, descubriremos el poder transformador de la tecnología cadena de bloques en sectores como las finanzas, la cadena de suministro, la atención médica, los sistemas de votación y la propiedad intelectual.

La tecnología cadena de bloques puede agilizar las transacciones financieras al eliminar intermediarios, reducir costos y mejorar la seguridad. Los contratos inteligentes permiten la ejecución automatizada y transparente de los acuerdos, mientras que las aplicaciones de finanzas descentralizadas (DeFi) ofrecen nuevas posibilidades de préstamos, préstamos y gestión de activos.

Las plataformas impulsadas por cadena de bloques pueden revolucionar los pagos transfronterizos al permitir transacciones más rápidas, baratas y seguras. Al eliminar intermediarios y reducir los tiempos de liquidación, la tecnología cadena de bloques puede mejorar la inclusión financiera y reducir los costos de los servicios de remesas.

Las soluciones de identidad basadas en cadena de bloques pueden mejorar los procesos de Conozca a su cliente (KYC), permitiendo una verificación segura y eficiente sin comprometer la privacidad de las personas. Los sistemas de identidad autosoberana permiten a los usuarios controlar sus datos personales y compartirlos de forma segura según sea necesario.

La tecnología cadena de bloques puede revolucionar la gestión de la cadena de suministro al proporcionar visibilidad y trazabilidad de extremo a extremo. Al registrar cada transacción y movimiento en un libro mayor distribuido, las partes interesadas pueden rastrear el origen, la autenticidad y las condiciones de los productos, lo que mejora la confianza y reducir los riesgos de falsificación.

Los contratos inteligentes y las plataformas basadas en cadena de bloques pueden automatizar y agilizar los procesos de la cadena de suministro, reduciendo el papeleo, minimizando los errores y optimizando la gestión del inventario. El intercambio de datos en tiempo real entre los participantes aumenta la eficiencia operativa y facilita la toma de decisiones oportunas.

La transparencia de Cadena de bloques permite un mejor seguimiento del abastecimiento de productos y los esfuerzos de sostenibilidad. Con cadena de bloques, los consumidores pueden verificar si los productos son de origen ético, respetuosos con el medio ambiente y cumplen con las prácticas de comercio justo, promoviendo una mayor responsabilidad y un consumo responsable.

La tecnología cadena de bloques puede mejorar la seguridad y la interoperabilidad de los registros de salud, lo que permite compartir de forma segura los datos de los pacientes entre los proveedores de atención médica. Los pacientes tienen más control sobre su información médica, mientras que los profesionales de la salud pueden acceder a registros precisos y actualizados.

Cadena de bloques puede mejorar la integridad y la transparencia de los ensayos clínicos al registrar de forma segura los datos de los ensayos y garantizar su inmutabilidad. Esta tecnología puede agilizar el proceso de investigación, facilitar el intercambio de datos entre los investigadores y mejorar la eficiencia general de los estudios médicos.

La naturaleza transparente e inmutable de Cadena de bloques permite el seguimiento de los productos farmacéuticos a lo largo de la cadena de suministro, reduciendo el riesgo de medicamentos falsificados y garantizando la integridad del proceso de distribución de medicamentos. Los pacientes pueden verificar la autenticidad y calidad de los medicamentos que consumen.

La tecnología cadena de bloques puede mejorar la integridad de los sistemas de votación al proporcionar una plataforma segura y transparente para registrar y verificar los votos. Los sistemas de votación basados en cadena de bloques garantizan la inmutabilidad, evitan el fraude y permiten a los ciudadanos verificar la exactitud de los resultados electorales de forma independiente.

Al aprovechar la tecnología cadena de bloques, los sistemas de votación pueden facilitar la votación remota y móvil, mejorando la accesibilidad y aumentando potencialmente la participación de los votantes. Esta tecnología garantiza la privacidad y la seguridad de los votos, lo que aumenta la confianza en el proceso democrático.

La tecnología Cadena de bloques puede establecer un registro inmutable de los derechos de propiedad intelectual, proporcionando una prueba de propiedad segura y con marca de tiempo. Los artistas, músicos, escritores y creadores pueden proteger su trabajo y establecer fácilmente la autenticidad, lo que permite una compensación justa y minimiza la infracción de los derechos de autor.

Los contratos inteligentes basados en cadena de bloques pueden automatizar la distribución de regalías y los acuerdos de licencia, lo que garantiza pagos transparentes y eficientes a los creadores. Esta tecnología reducir los intermediarios, aumenta los flujos de ingresos y realiza un seguimiento preciso del uso de la propiedad intelectual.

La tecnología cadena de bloques se enfrenta a desafíos de escalabilidad en el manejo de un gran volumen de transacciones. Se están realizando esfuerzos para desarrollar soluciones de cadena de bloques escalables que puedan procesar transacciones de manera rápida y eficiente sin comprometer la seguridad.

La adopción de la tecnología cadena de bloques requiere el establecimiento de marcos regulatorios y legales para abordar las preocupaciones sobre la privacidad, la protección de datos y el cumplimiento. Los gobiernos y las instituciones deben adaptar las regulaciones para adaptarse a las características únicas de cadena de bloques y, al mismo tiempo, mitigar los riesgos.

La necesidad de interoperabilidad y protocolos estandarizados plantea desafíos para la adopción generalizada de cadena de bloques. Se están realizando esfuerzos para desarrollar soluciones interoperables que permitan una integración y colaboración perfectas entre las redes cadena de bloques.

La tecnología cadena de bloques tiene la capacidad de revolucionar varias industrias, capacitando a las organizaciones para agilizar los procesos, mejorar la seguridad y fomentar la confianza. Ya sea que se trate de finanzas, cadena de suministro, atención médica, sistemas de votación o propiedad intelectual, los beneficios de cadena de bloques son de gran alcance. Si bien existen desafíos, la investigación y el desarrollo en curso están abordando los problemas de escalabilidad, regulación e interoperabilidad. La adopción de la tecnología cadena de bloques requiere la colaboración entre las partes interesadas, el establecimiento de marcos regulatorios de apoyo y la innovación continua. Al aprovechar el potencial de cadena de bloques, las industrias pueden desbloquear nuevas posibilidades, impulsar la eficiencia y crear un futuro en el que la confianza y la transparencia sean los cimientos de nuestro mundo digital.

Identificar oportunidades de inversión más allá de las criptomonedas

Si bien las criptomonedas han atraído una atención significativa en los últimos años, existe un vasto panorama de oportunidades de inversión más allá de esta clase de activos digitales. Diversificar la cartera de inversiones en varias clases de activos puede ayudar a mitigar el riesgo, capitalizar las tendencias emergentes y maximizar los rendimientos a largo plazo. Esta sección explorará la importancia de la diversificación, discutirá oportunidades de inversión alternativas más allá de las criptomonedas, examinará sus beneficios y riesgos potenciales y destacará las estrategias para identificar y evaluar estas oportunidades.

La diversificación reducir el riesgo asociado a las inversiones concentradas en una sola clase de activos. Al distribuir las inversiones entre diferentes clases de activos, los inversores pueden mitigar el impacto de la volatilidad y las fluctuaciones en cualquier inversión en particular.

La diversificación permite a los inversores acceder a una amplia gama de oportunidades de inversión. Las diferentes clases de activos se comportan de manera diferente en función de las condiciones del mercado y los ciclos económicos. Al diversificar, los inversores aumentan sus posibilidades de capitalizar las diversas tendencias y oportunidades del mercado.

Los estudios han demostrado que una cartera diversificada tiende a generar rendimientos más estables y consistentes a largo plazo. Los inversores pueden optimizar sus rentabilidades ajustadas al riesgo distribuyendo las inversiones entre diferentes clases de activos con diferentes perfiles de riesgo y rentabilidad.

Los bienes raíces ofrecen una opción de inversión tangible y generadora de ingresos. Los inversores pueden considerar propiedades residenciales, comerciales o industriales y fideicomisos de inversión en bienes raíces (REIT) para la exposición al mercado inmobiliario. Al considerar las inversiones inmobiliarias, se debe evaluar la ubicación, la demanda de alquiler y las condiciones económicas.

Las materias primas, como el oro, la plata, el petróleo y los productos agrícolas, ofrecen oportunidades para la diversificación. Estos activos pueden actuar como cobertura contra la inflación y las fluctuaciones monetarias. Los inversores pueden obtener exposición a través de futuros de materias primas, fondos cotizados en bolsa (ETF) o propiedad física.

Las inversiones en capital privado y capital de riesgo implican prestar dinero a empresas privadas a cambio de una participación en la empresa. Estas inversiones tienen el potencial de obtener rendimientos significativos, pero con frecuencia incluyen un mayor riesgo y un horizonte de inversión más largo. Determinar las perspectivas de crecimiento de la empresa es crucial cuando se consideran oportunidades de capital privado y capital de riesgo.

Las inversiones en infraestructura implican la financiación de proyectos relacionados con el transporte, la energía, los servicios públicos y los servicios públicos. Estas inversiones a menudo proporcionan flujos de caja estables y un potencial de revalorización del capital a largo plazo. Se puede acceder a las inversiones en infraestructuras a través de fondos de infraestructuras o empresas de infraestructuras que cotizan en bolsa.

Las obras de arte, los objetos de colección y otros artículos valiosos pueden ser activos de inversión alternativos. Estas inversiones pueden proporcionar diversificación de la cartera y el potencial de revalorización del capital. Sin embargo, invertir en arte y objetos de colección requiere experiencia, conocimiento del mercado y una perspectiva a largo plazo.

Las inversiones en energías renovables, como la energía solar, eólica e hidroeléctrica, ofrecen oportunidades para invertir de forma sostenible y capitalizar la transición a la energía limpia. Los inversores pueden participar a través de fondos de energía renovable, proyectos de infraestructura o empresas de energía renovable que cotizan en bolsa.

La inversión socialmente responsable (ISR) se centra en alinear las inversiones con principios éticos y sostenibles. En las decisiones de inversión, la ISR tiene en cuenta factores ambientales, sociales y de gobernanza (ESG). Permite a los inversores apoyar causas e iniciativas en las que creen mientras buscan rendimientos financieros.

La evaluación de inversiones alternativas requiere evaluar el riesgo y los rendimientos potenciales. Es esencial comprender los factores de riesgo, la dinámica del mercado y el rendimiento histórico de cada clase de activos. Los inversores deben tener en cuenta factores como la liquidez, la volatilidad y la correlación con otras inversiones.

Al considerar inversiones alternativas, es necesario realizar una amplia investigación de mercado y diligencia debida. Comprender las tendencias del mercado, analizar la dinámica de la oferta y la demanda y evaluar el panorama competitivo son pasos importantes en el proceso de evaluación.

Buscar asesoramiento profesional de asesores financieros o profesionales de la inversión con experiencia en inversiones alternativas puede proporcionar información y orientación valiosas. Su experiencia y conocimientos pueden ayudar a identificar oportunidades adecuadas y evaluar sus posibles riesgos y recompensas.

La adecuada gestión del riesgo y la diversificación son cruciales a la hora de incorporar inversiones alternativas a una cartera. La diversificación entre clases de activos, geografías y estrategias de inversión ayuda a distribuir el riesgo y optimizar los rendimientos. Es esencial establecer límites de asignación adecuados y supervisar las inversiones con regularidad.

Si bien las criptomonedas han captado una atención significativa, los inversores deben reconocer la amplia gama de oportunidades de inversión más allá de esta clase de activos digitales. La diversificación en varias clases de activos puede ayudar a mitigar el riesgo y capitalizar las tendencias emergentes. Los bienes raíces, las materias primas, el capital privado, la infraestructura, el arte, las energías renovables y la inversión socialmente responsable ofrecen vías potenciales para la diversificación y el crecimiento a largo plazo. La evaluación de inversiones alternativas requiere realizar una investigación exhaustiva, la debida diligencia y el análisis de riesgos. Buscar asesoramiento profesional y experiencia puede proporcionar información valiosa para evaluar y gestionar oportunidades de inversión alternativas. Al incorporar inversiones alternativas en una cartera completa, los inversores pueden mejorar sus rendimientos ajustados al riesgo y posicionarse para aprovechar las oportunidades en los mercados en evolución. Adoptar la diversificación más allá de las criptomonedas es una estrategia prudente para construir una cartera de inversiones sólida y lograr objetivos financieros a largo plazo.

CONCLUSIÓN

Resumen de las estrategias clave y los consejos discutidos

A lo largo de este libro electrónico, hemos explorado varias estrategias y consejos para ayudar a los inversores a navegar con éxito por el mercado de las criptomonedas. Desde la comprensión de los aspectos fundamentales y técnicos de las criptomonedas hasta la gestión del riesgo, el establecimiento de objetivos de inversión y la evaluación de oportunidades, hemos cubierto temas esenciales para lograr inversiones rentables. En esta sección se recapitularán las estrategias clave y los consejos discutidos, destacando su importancia y proporcionando un resumen completo de los conocimientos obtenidos.

I. Construyendo una base sólida

Comprender la definición y las características de las criptomonedas es esencial para los inversores. Los atributos clave, como la descentralización, la inmutabilidad y la transparencia, dan forma a la naturaleza única de los activos digitales e influyen en las decisiones de inversión.

Un breve resumen de la historia de las criptomonedas ayuda a los inversores a comprender la evolución del mercado y los factores que impulsan su crecimiento. Reconocer las tendencias y dinámicas del mercado ayuda a tomar decisiones de inversión informadas.

Familiarizarse con los conceptos y la terminología clave, como billeteras, cadenas de bloques y algoritmos de consenso, proporciona una base sólida para invertir en criptomonedas.

II. *Evaluación de oportunidades y gestión de riesgos*

Realizar un análisis fundamental implica evaluar la tecnología, el equipo, la demanda del mercado y la competencia de un proyecto de criptomonedas. Este análisis ayuda a identificar oportunidades de inversión prometedoras en función de su valor subyacente y su potencial de crecimiento a largo plazo.

El análisis técnico implica el estudio de los gráficos de precios, la identificación de tendencias y el uso de varios indicadores y patrones de gráficos para tomar decisiones de inversión. Permite a los inversores analizar el sentimiento del mercado y los puntos de entrada y salida temporales.

El análisis de la demanda y la competencia del mercado ayuda a los inversores a evaluar la viabilidad y la rentabilidad potencial de un proyecto de criptomoneda. Comprender el panorama del mercado permite tomar decisiones informadas e identificar proyectos con ventajas competitivas sostenibles.

Evaluar la tokenómica y la utilidad de una criptomoneda ayuda a los inversores a medir su propuesta de valor a largo plazo y su utilidad dentro de su ecosistema. Factores como el suministro de tokens, la distribución y los casos de uso proporcionan información sobre el crecimiento potencial y la adopción del proyecto.

La implementación de estrategias de gestión de riesgos, como la diversificación, el establecimiento de objetivos de inversión y la utilización de órdenes de stop-loss, es crucial para preservar el capital y gestionar el riesgo en el volátil mercado de criptomonedas.

III. Estrategias y enfoques de inversión

Diferenciar entre la inversión a largo plazo y el trading a corto plazo ayuda a los inversores a alinear sus estrategias con sus objetivos de inversión y tolerancia al riesgo. La inversión a largo plazo se centra en el valor fundamental de las criptomonedas, mientras que el trading a corto plazo capitaliza la volatilidad del mercado y los movimientos de precios a corto plazo.

El promedio del costo en dólares implica invertir regularmente una cantidad fija de dinero a lo largo del tiempo, independientemente de las fluctuaciones del mercado. Esta técnica reducir el impacto de la volatilidad del mercado y permite a los inversores acumular criptomonedas a un coste medio a largo plazo.

HODLing (Holding On for Dear Life) se refiere a aferrarse a las criptomonedas a largo plazo, a pesar de las fluctuaciones del mercado a corto plazo. Esta estrategia se basa en la creencia en el potencial a largo plazo de las criptomonedas y requiere paciencia, disciplina y un horizonte de inversión a largo plazo.

Las estrategias de swing trading y momentum trading capitalizan las fluctuaciones de precios a corto plazo y las tendencias del mercado.

Estos enfoques implican la compra y venta de criptomonedas en un plazo de tiempo más corto, con el objetivo de beneficiarse del impulso del mercado y las oscilaciones de precios.

IV. *Gestión y seguimiento de carteras*

Diversificar la cartera de inversiones en diferentes clases de activos y criptomonedas es crucial para mitigar el riesgo y aprovechar las oportunidades en diversas condiciones del mercado. Una cartera bien diversificada equilibra el riesgo y los rendimientos potenciales.

Los inversores pueden realizar un seguimiento del rendimiento de sus inversiones, analizar el rendimiento de sus carteras y tomar decisiones informadas basadas en información precisa y actualizada mediante la implementación de herramientas integrales de seguimiento y gestión de carteras. Utilizar herramientas de gestión de carteras y revisarlas periódicamente es esencial para mantener una estrategia de inversión saludable.

V. *Adoptar una mentalidad disciplinada*

Una mentalidad disciplinada es vital para el éxito de la inversión en criptomonedas. Superar los sesgos emocionales como el miedo, la codicia y el FOMO permite a los inversores tomar decisiones racionales basadas en un análisis exhaustivo y objetivos a largo plazo. Al adherirse a los planes de inversión, establecer expectativas realistas y aprender y adaptarse continuamente, los inversores pueden cultivar con confianza una mentalidad disciplinada y navegar por el mercado de criptomonedas.

En esta sección se resumen las estrategias y consejos clave que se analizan a lo largo de este libro electrónico, y se ofrece una visión general completa de los conocimientos obtenidos. Desde la construcción de una base sólida de conocimientos hasta la evaluación de oportunidades de inversión, la gestión del riesgo y la adopción de estrategias de inversión eficaces, el éxito de la inversión en criptomonedas requiere una combinación de gestión del riesgo, análisis fundamental y técnico, y una toma de decisiones disciplinada. Al adoptar estas estrategias y consejos, los inversores pueden posicionarse para el éxito a largo plazo en el dinámico y cambiante mercado de las criptomonedas. Es esencial aprender, adaptarse y mantenerse informado continuamente sobre las tendencias y desarrollos del mercado para navegar con éxito por este panorama que cambia rápidamente. En última instancia, una mentalidad disciplinada y un enfoque de inversión completo son cruciales para lograr inversiones rentables en criptomonedas y más allá.

Estímulo para que los lectores comiencen su viaje de inversión en criptomonedas

Embarcarse en un viaje de inversión en criptomonedas puede ser un esfuerzo emocionante y potencialmente gratificante. Si bien el mundo de las criptomonedas puede parecer desalentador al principio, presenta oportunidades únicas para que las personas participen en la transformación de las finanzas globales. En esta sección, alentaremos a los lectores a comenzar su viaje de inversión en criptomonedas, destacando los beneficios, disipando conceptos erróneos comunes y ofreciendo consejos prácticos para comenzar. Al adoptar esta frontera digital, los lectores pueden posicionarse a la vanguardia de la innovación financiera y, potencialmente, cosechar las recompensas que conlleva.

I. Abrazando el futuro de las finanzas

Las criptomonedas pueden empoderar a las personas de todo el mundo, incluidas las poblaciones no bancarizadas y subbancarizadas. Las criptomonedas pueden fomentar una mayor inclusión financiera y empoderamiento económico al proporcionar acceso a servicios financieros sin la necesidad de intermediarios tradicionales.

Las criptomonedas se basan en la revolucionaria tecnología cadena de bloques, que ofrece una seguridad, transparencia y eficiencia sin precedentes. Al adoptar las criptomonedas, los lectores pueden participar en los avances tecnológicos que están remodelando las industrias y revolucionando la forma en que realizamos transacciones.

Las criptomonedas aún se encuentran en sus primeras etapas, y al comenzar su viaje de inversión ahora, los lectores pueden posicionarse como los primeros en adoptarlas y beneficiarse potencialmente del crecimiento futuro y la adopción generalizada de los activos digitales.

II. Disipar conceptos erróneos comunes

Si bien es cierto que las criptomonedas están sujetas a volatilidad, el riesgo es inherente a cualquier inversión. Al adoptar estrategias sólidas de gestión de riesgos, realizar una investigación exhaustiva y diversificar su cartera, los lectores pueden navegar con confianza por el mercado de criptomonedas.

La complejidad percibida de las criptomonedas a menudo desalienta a las personas a sumergirse en este espacio. Sin embargo, las plataformas fáciles de usar, los recursos educativos y el crecimiento de billeteras e intercambios fáciles de usar han hecho que sea más fácil que nunca comenzar a invertir en criptomonedas.

La seguridad es una preocupación legítima en el espacio de las criptomonedas. Sin embargo, al seguir las mejores prácticas, como proteger las billeteras, implementar la autenticación de dos factores y estar atentos a los intentos de phishing, los lectores pueden proteger sus inversiones y minimizar el riesgo de robo.

III. *Consejos prácticos para empezar*

Construir una base sólida de conocimiento es crucial para una inversión exitosa en criptomonedas. Los lectores deben dedicar tiempo a educarse a través de fuentes confiables, investigar diferentes criptomonedas y mantenerse informados sobre las tendencias y desarrollos del mercado.

Para facilitar la inversión en criptomonedas, los lectores pueden comenzar con una pequeña cantidad de capital con la que se sientan cómodos. Esto les permite adquirir experiencia práctica, familiarizarse con la dinámica del mercado y aprender de sus decisiones de inversión.

La estrategia de gestión de riesgos más eficaz es la diversificación. Los lectores deberían considerar diversificar su cartera de criptomonedas invirtiendo en una variedad de proyectos, en diferentes sectores y capitalizaciones de mercado. Esto ayuda a distribuir el riesgo y capturar oportunidades potenciales en varios segmentos del mercado.

La inversión en criptomonedas es un juego a largo plazo. Los lectores deben adoptar una perspectiva paciente y a largo plazo, dándose cuenta de que el viaje incluye la volatilidad natural del mercado. Los lectores pueden mantenerse resilientes durante las fluctuaciones del mercado centrándose en el valor subyacente y el potencial a largo plazo de sus inversiones.

Buscar el asesoramiento de personas bien informadas, como asesores financieros o inversores experimentados en criptomonedas, puede proporcionar información y orientación valiosas. Participar en comunidades y foros en línea también puede ayudar a los lectores a aprender de las experiencias de otros y ampliar sus conocimientos.

Esta sección anima a los lectores a comenzar su viaje de inversión en criptomonedas destacando los beneficios, disipando conceptos erróneos comunes y brindando consejos prácticos. Las criptomonedas ofrecen el potencial de participar en el futuro de las finanzas, aprovechar los avances tecnológicos y obtener rendimientos significativos. Al superar el miedo y abrazar esta frontera digital, los lectores pueden posicionarse como los primeros en adoptarlo y aprender, adaptarse y crecer junto con el mercado de criptomonedas en evolución. Es necesario abordar la inversión en criptomonedas con una mente abierta, paciencia y un compromiso con el aprendizaje continuo. Si bien existen riesgos, se pueden gestionar a través de una investigación diligente, estrategias de gestión de riesgos y una cartera diversificada. Al comenzar poco a poco, educarse, buscar consejos y mantenerse disciplinado, los lectores pueden embarcarse en un viaje gratificante de inversión en criptomonedas. La adopción de esta tecnología transformadora ofrece el potencial de obtener ganancias financieras y permite a las personas participar en la remodelación del futuro de las finanzas globales.

Reflexiones finales y recursos adicionales para seguir aprendiendo

A medida que concluimos nuestra exploración de la inversión en criptomonedas, es esencial reflexionar sobre el conocimiento adquirido y proporcionar a los lectores recursos adicionales para seguir aprendiendo. Las criptomonedas continúan evolucionando, y mantenerse informado y aprender continuamente es clave para navegar por este mercado dinámico y acelerado. En esta sección, ofreceremos reflexiones finales sobre la importancia de la educación continua en la inversión en criptomonedas y proporcionaremos una lista completa de recursos adicionales para empoderar a los lectores en su viaje de por vida para comprender y participar en este emocionante espacio.

I. La importancia del aprendizaje a lo largo de toda la vida

Los mercados de criptomonedas evolucionan continuamente, con nuevos proyectos, tecnologías y desarrollos regulatorios que surgen regularmente. Los inversores pueden mantenerse al día sobre estos cambios y modificar su estrategia comprometiéndose con el aprendizaje permanente.

El aprendizaje continuo ayuda a los inversores a comprender mejor los riesgos asociados con las criptomonedas e identificar posibles dificultades. Los inversores pueden mitigar los riesgos y proteger sus inversiones manteniéndose informados sobre las mejores prácticas de seguridad, los cambios normativos y las estafas emergentes.

Aprender sobre las nuevas criptomonedas, las tendencias emergentes y los avances tecnológicos permite a los inversores identificar posibles oportunidades de inversión y mantenerse a la vanguardia. La educación continua proporciona el conocimiento necesario para capitalizar los mercados emergentes y los proyectos innovadores.

Los mercados de criptomonedas están influenciados por una serie de factores, como las condiciones económicas mundiales, los avances tecnológicos y el sentimiento de los inversores. Al profundizar su comprensión de la dinámica del mercado a través de la educación continua, los inversores pueden tomar decisiones más informadas y navegar por las fluctuaciones del mercado.

II. Recursos adicionales para seguir aprendiendo

A. Libros y trabajos de investigación:
- "Dominando Bitcoin" por Andreas M. Antonopoulos
- "El Internet del Dinero" por Andreas M. Antonopoulos
- "Oro digital" de Nathaniel Popper
- Trabajos de investigación de instituciones académicas y organizaciones de criptomonedas de renombre.

B. Cursos en línea y plataformas educativas:

- Coursera: Ofrece cursos sobre tecnología cadena de bloques, criptomonedas y temas relacionados de las mejores universidades e instituciones.

- Udemy: Ofrece una variedad de cursos relacionados con criptomonedas y cadena de bloques para principiantes y estudiantes avanzados.

- Khan Academy: Ofrece videos educativos sobre cadena de bloques, criptomonedas y la tecnología subyacente.

- CryptoCompare Academy: Proporciona contenido educativo sobre criptomonedas, tecnología cadena de bloques y estrategias de inversión.

- Binance Academy: Presenta artículos educativos y videos que cubren varios aspectos de la criptomoneda y la cadena de bloques.

C. Podcasts y webinars:

- "Unchained" de Laura Shin: Explora la tecnología cadena de bloques, las criptomonedas y su impacto en diversas industrias a través de entrevistas con expertos de la industria.

- "The Pomp Podcast" de Anthony Pompliano: Cubre la inversión en criptomonedas, la tecnología cadena de bloques y las tendencias macroeconómicas a través de conversaciones con líderes de la industria.

- "Epicenter" de Sebastien Couture y Brian Fabian Crain: Analiza la tecnología cadena de bloques y sus aplicaciones en todas las industrias.

- Seminarios web organizados por intercambios de criptomonedas de renombre, organizaciones y expertos de la industria, que brindan información sobre varios aspectos de la inversión en criptomonedas.

D. Comunidades y foros en línea:

- Reddit: Comunidades como r/cryptocurrency y r/Bitcoin ofrecen debates, actualizaciones de noticias e información sobre criptomonedas.

- Bitcointalk: Un foro donde los entusiastas de las criptomonedas discuten proyectos, comparten información y participan en conversaciones relacionadas con las criptomonedas.

- Discord y Telegram: Numerosos grupos y canales relacionados con las criptomonedas ofrecen espacios para las discusiones, el análisis del mercado y la creación de redes.

III. Adoptar una mentalidad de aprendizaje permanente

Cultivar una mentalidad curiosa y abierta permite a los inversores explorar nuevas ideas, tecnologías y oportunidades de inversión continuamente. Adopta un sentido de asombro y aborda el aprendizaje con entusiasmo y ganas de descubrir.

Desarrollar habilidades de pensamiento crítico es esencial en las criptomonedas, donde abundan la desinformación y las estafas.

Aplicar el escepticismo y evaluar diligentemente la información para tomar decisiones informadas.

Interactuar con otros entusiastas, inversores y profesionales de la industria fomenta el intercambio de conocimientos, la colaboración y la oportunidad de aprender desde diversas perspectivas. Asiste a conferencias, únete a reuniones y participa en comunidades en línea para ampliar tu red de contactos.

Al concluir este libro electrónico, es importante enfatizar el valor del aprendizaje permanente en el mundo de la inversión en criptomonedas. La naturaleza dinámica de las criptomonedas requiere mantenerse informado, actualizar continuamente el conocimiento y buscar diversos recursos de aprendizaje. Al adoptar una mentalidad de aprendizaje permanente, los inversores pueden mitigar los riesgos con confianza, capitalizar las oportunidades y navegar por el cambiante panorama de las criptomonedas. Los recursos adicionales proporcionados, incluidos libros, cursos en línea, podcasts y comunidades en línea, ofrecen una gran cantidad de conocimientos para respaldar la educación continua. Recuerde abordar la nueva información de manera crítica, participar en oportunidades de creación de redes y mantener la curiosidad mientras continúa su viaje de inversión en criptomonedas. Al fomentar un compromiso con el aprendizaje y la adaptación, puede posicionarse a la vanguardia de este campo transformador y navegar con confianza por el futuro de las finanzas.

Gracias por comprar y leer/escuchar nuestro libro. Si este libro le ha resultado útil, tómese unos minutos y deje una reseña en la plataforma donde compró nuestro libro. Sus comentarios son muy importantes para nosotros.